本著作受以下项目和平台资助

国家社科基金重大项目《完善推进绿色创新的市场型环境政策体系研究》（20ZDA088）阶段性成果

国家自然基金重点项目《"食品、能源、水"互馈系统模型的构建和模拟》（41961124004）阶段性成果

浙江省社科规划课题《浙江纺织产业节能减排制度供给及其绩效评价》（19NDJC235YB）成果

浙江理工大学学术著作出版资金资助（2020年度）

浙江省哲学社会科学重点研究基地——浙江省生态文明研究院和浙江省丝绸与时尚文化研究中心

中国纺织产业节能减排制度绩效评价研究

王晓蓬 等著

Research on Performance Evaluation of
Energy Conservation and Emission Reduction
System in China's Textile Industry

中国社会科学出版社

图书在版编目(CIP)数据

中国纺织产业节能减排制度绩效评价研究 / 王晓蓬等著. —北京：中国社会科学出版社，2020.10

ISBN 978-7-5203-7484-2

Ⅰ.①中⋯ Ⅱ.①王⋯ Ⅲ.①纺织工业—节能减排—研究—中国 Ⅳ.①F426.81

中国版本图书馆 CIP 数据核字（2020）第 222772 号

出 版 人	赵剑英
责任编辑	宫京蕾　周怡冰
责任校对	秦　婵
责任印制	郝美娜

出　　版	中国社会科学出版社
社　　址	北京鼓楼西大街甲 158 号
邮　　编	100720
网　　址	http://www.csspw.cn
发 行 部	010-84083685
门 市 部	010-84029450
经　　销	新华书店及其他书店
印刷装订	北京君升印刷有限公司
版　　次	2020 年 10 月第 1 版
印　　次	2020 年 10 月第 1 次印刷
开　　本	710×1000　1/16
印　　张	13.25
插　　页	2
字　　数	201 千字
定　　价	78.00 元

凡购买中国社会科学出版社图书，如有质量问题请与本社营销中心联系调换
电话：010-84083683
版权所有　侵权必究

《中国纺织产业节能减排制度绩效评价研究》课题组

顾　问：郭苏建　林伯强　陈诗一
主持人：王晓蓬
成　员（排名不分先后）：
　　　　李　一　王来力　杨永亮　马永喜
　　　　战明华　朱旭光　孙　虹　廖中举
　　　　杨　君　祁秀静　魏　楚　周德群
　　　　周　鹏　张国兴　李玉文　张兵兵
　　　　王　兵　安同泉　范　英　张耀辉
　　　　郭菊娥　贺建刚　舒利敏　朱承亮

序　　言

在中国各大产业发展中，制造业地位举足轻重，而制造业中的纺织产业在国民经济发展中始终发挥着无可替代的作用，具有"永恒产业"的特征。中国是全球最大的纺织品生产国和出口国，目前约有12万家纺织企业，是全国32个制造业中的第三大行业。根据国家统计局数据，2017年规模以上纺织企业累计实现主营业务收入68935.6亿元，实现利润总额3768.8亿元。与此同时，纺织行业发展面临的不确定因素仍然较多，各种风险问题仍需加强关注与应对，环保监管措施更趋严格，纺织企业环保投入负担较重，部分地区仅以停产为单一监管手段，企业生产、投资活动受限，成为纺织全行业平稳发展的瓶颈制约。降低纺织产业的资源消耗和控制污染排放对我国纺织产业，特别是浙江地区纺织产业的持续健康发展至关重要。这是浙江省乃至全国纺织产业可持续发展的必由之路，也是保持浙江省纺织产业和社会环境协调发展的紧迫需求。纺织产业节能减排，技术是基础，制度更是保障。为进一步明晰纺织产业节能减排制度改革面临的问题与发展思路，有必要梳理与之相关的理论文献，阐述这个领域研究的进展、不足和问题。节能减排的制度体系研究较为丰富，从依法治理，到发挥市场决定性作用，再到价值观念转变形成自愿性减排降污，不同的政策工具在实现节能减排方面能够发挥不同的功效。浙江理工大学王晓蓬副教授所著的《中国纺织产业节能减排制度绩效评价研究》一书，就是回应纺织产业发展存在的重大问题，对纺织产业节能减排制度的绩效评价进行研究和阐述，为读者更好理解纺织产业节能减排制度提供了参考。

本书涵盖以下主要内容：在第一章会给出相应的研究背景及意

义，第二章则基于转型升级理论、环境规制理论、制度演化理论等三大理论基础，对相关文献进行了回顾，并在后面的章节中按照政府强制性制度、市场激励性制度、公众参与性制度将367项纺织产业节能减排制度进行分类，分别以纺织产业园区、纺织企业上市公司、纺织产品为典型案例进行探讨。第三章是在上一章的文献回顾基础上，从市场失灵的视角剖析了节能减排制度的经济学动因，在此基础上进行了纺织产业节能减排制度的博弈均衡分析，并分析了纺织产业节能减排制度的敏感度。第四章针对生命周期不同阶段的纺织产业，研究了国家节能减排政策的实施对于纺织企业节能减排绩效的影响。第五章、第六章中运用生命周期评价方法、仿真模拟法和碳足迹核算法等三种研究方法，研究得出有关制度供给与环境、经济、生态绩效之间的互动关系和内在影响机理。同时，通过制度供给的研究，设计更加适合纺织产业发展的制度环境资源，进而推动纺织产业转型升级，更好地服务于制造业健康有序发展。

  本书将文献研究与实地调研相结合、问卷调查和专家会议相结合、理论模型分析与定量分析相结合、比较分析与归纳总结相结合，主要采用以下几种研究方法：首先是生命周期评价方法（LCA），文中取丝绸产业这一典型的纺织产业生产过程，采用面向工艺过程的LCA分析方法对产品制造的全生命周期进行分阶段、分环节研究，从原料生产出发到产品生产完成对整个产品生产的工艺过程的环境负荷进行分析，来确定生产阶段的主要环境压力，并编制从生产制造各阶段的环境排放清单和总体生命周期清单。根据生产过程中各阶段的污染排放和环境负荷的评价结果，来确定纺织产业生产污染排放特征及其环境影响，并为纺织产业生产的环境管理提供改进意见和决策支撑。其次是水足迹核算方法，运用工业水资源消耗以新鲜用水计量，而废水排放含有污染物，两者的性质不同，应用碳足迹的方法可以使两者折算成统一量纲，把"水资源""水环境"两个因素复合成"水资源环境"一个因素，实现与工业经济增长的耦合分析。然后在第六章中运用案例分析法，根据国内外纺织产业节能减排制度演进规律，结合近年来，中国纺织产业节能减排政策，剖析纺织产业节能减排制度供给对纺织产业转型升级的影响因素，提出具有针对性的对策建议。

由于作者调研充分，思考深入，因此本书形成了一些创新性观点和见解。从国内外同类研究成果来看，本研究具有以下几方面的特色与创新：

一是从全产业链和全生命周期的视角剖析节能减排制度对于企业绩效影响，研究视角更加全面和系统。相较于以往研究，本书的研究视角由制度的单一作用转向了其对于全产业链和全生命周期研究的全新视角。传统研究大都聚焦于产业中的某单一环节，就该环节的单一制度作用进行有效的探讨。众多政策的制定缺乏一定的战略和系统性，使得政策的平均力度不但没有增加反而逐渐降低。本书则从更加系统的角度，从全产业链和全生命周期视角出发，来探究节能减排制度对于处于产业链不同层次以及不同生命周期的企业具有怎样的作用效果，进而为节能减排制度体系的进一步完善提供经验依据，这一做法不仅可以突破目前学术界仅从单一角度来研究纺织产业污染治理问题的局限性，同时也将丰富和提升我国产业环境管理和循环经济研究的理论水平与现实应用。多角度综合分析的方法使得本研究的科学性和系统性全面提高。

二是对我国节能减排制度对于纺织产业的综合作用进行探究，拓展了制度理论框架体系。本书所使用的拓展3×3矩阵的理论框架体系表明，制度研究不仅要从单一环节、单一制度出发，更要有全局视野、全产业链、全生命周期的系统论视角，形成制度合力，进行综合研究，并构建起制度体系的工具箱，对制度体系工具箱内的制度和制度之间、制度和全产业链之间的关系进行逐一分析。这一拓展理论框架体系基于转型升级理论、环境规制理论和制度演化理论三大理论基础，运用生命周期评价方法、碳足迹核算法和仿真模拟法等三种研究方法，构建了强制性制度、市场激励性制度、公众参与性制度三大制度体系，并最终汇合形成了本书的拓展理论框架体系。

三是研究中小民营纺织企业所面临的节能减排制度压力，与现实难题相贴切。对于处在纺织产业链不同层次以及生命周期不同阶段的纺织企业来说，节能减排制度直接或者通过诱致性技术变迁以及诱致性制度变迁等间接的作用途径，对企业生产能耗和污染排放的影响具有不同的作用。这些研究成果对于中国节能减排制度更加精准有效地作用于不同的纺织企业，更好地缓解纺织企业所面临的节能减排制度压力都将具有一定的政策启示。

沈满洪

浙江农林大学党委书记

中国生态经济学学会副理事长

目　录

第一章　绪论 …………………………………………………（1）
　第一节　研究背景 …………………………………………（1）
　第二节　研究意义 …………………………………………（2）
　第三节　研究目标与内容 …………………………………（5）
　第四节　研究方法与技术路线 ……………………………（7）
第二章　纺织产业节能减排制度及其绩效评价文献综述…（9）
　第一节　纺织产业节能减排制度的相关理论综述 ………（9）
　　一　转型升级理论 ………………………………………（9）
　　二　环境规制理论 ………………………………………（11）
　　三　制度演化理论 ………………………………………（14）
　第二节　纺织产业节能减排政策制度 ……………………（18）
　　一　引导性制度 …………………………………………（19）
　　二　选择性制度 …………………………………………（22）
　　三　强制性制度 …………………………………………（28）
　第三节　纺织产业节能减排制度的绩效评价 ……………（32）
　　一　评价的原则 …………………………………………（32）
　　二　评价的视角 …………………………………………（36）
　　三　评价的结论 …………………………………………（39）
　第四节　研究评述与展望 …………………………………（45）
　　一　从单一环节到全产业链制度安排与绩效的研究 …（45）
　　二　从自愿型到强制型政策演化研究 …………………（47）
　　三　从"一刀切"政策到"差异性"精细化政策研究 ……（50）

第三章 纺织产业节能减排制度的理论分析 …………（52）
第一节 纺织产业节能减排需要有效制度的经济学动因 ……（52）
一 市场失灵的经济学含义 …………………………………（52）
二 纺织产业节能减排的含义及措施 ………………………（53）
三 纺织企业节能减排的内外成本—收益分析 ……………（54）
四 纺织企业节能减排市场失灵的具体表现 ………………（57）
第二节 纺织产业节能减排制度的博弈均衡分析 …………（57）
一 博弈模型的主体信息与行为特征假设 …………………（57）
二 博弈模型的建立 …………………………………………（58）
三 博弈模型的均衡特征分析 ………………………………（60）
四 博弈模型均衡的总结 ……………………………………（64）
第三节 节能减排制度的经济学和敏感度分析 ……………（65）
一 纺织产业节能减排制度的经济学分析 …………………（65）
二 制度类型的敏感度分析 …………………………………（68）
第四节 小结 ……………………………………………………（75）

第四章 纺织产业全生命周期制度及其节能减排绩效评价 ……（77）
第一节 我国纺织产业的生命周期阶段划分与相应时段节能减排政策 …………………………………………………（77）
一 我国纺织产业生命周期阶段划分 ………………………（77）
二 生命周期不同阶段纺织产业的产业链阶段性特征 ……（81）
三 产业生命周期不同阶段国家节能减排的政策规定 ……（85）
第二节 生命周期不同阶段背景下节能减排政策效果理论分析框架与假说 ………………………………………………（88）
一 理论模型构建 ……………………………………………（88）
二 假说提出 …………………………………………………（90）
第三节 假说1的经验依据 ……………………………………（91）
一 实证模型构建 ……………………………………………（91）
二 主要变量定义 ……………………………………………（91）
三 样本数据与描述性统计 …………………………………（93）
四 实证结果 …………………………………………………（94）

第四节　假说2的经验依据 …………………………………（96）
　　一　实证模型构建 ………………………………………（96）
　　二　主要变量定义 ………………………………………（97）
　　三　样本数据与描述性统计 ……………………………（98）
　　四　实证结果 ……………………………………………（99）
第五节　小结 ………………………………………………（103）

第五章　纺织上市公司环境信息公开制度及其绩效评价 ………（105）
第一节　机理研究与假说提出 ……………………………（105）
第二节　研究设计 …………………………………………（107）
　　一　企业环境信息披露的影响因素研究：基于面板logit
　　　　模型 ………………………………………………（107）
　　二　企业环境信息披露政策出台对企业经济绩效的
　　　　影响 ………………………………………………（108）
　　三　企业环境信息披露影响企业经济绩效的机制研究：
　　　　渠道效应分析 ……………………………………（109）
　　四　数据来源与变量定义 ………………………………（110）
　　五　描述性统计 …………………………………………（115）
第三节　实证结果 …………………………………………（116）
　　一　信息不对称对企业环境信息公开的影响 …………（116）
　　二　企业环境信息公开对企业经济绩效的影响 ………（118）
　　三　渠道效应分析 ………………………………………（121）
第四节　小结 ………………………………………………（124）

第六章　COD200制度对纺织企业碳足迹的影响效应分析
　　　　——基于内生结构突变模型 ………………………（126）
第一节　理论分析框架 ……………………………………（126）
第二节　模型设定及变量说明 ……………………………（128）
　　一　模型设定 ……………………………………………（128）
　　二　变量说明 ……………………………………………（128）
第三节　实证研究结果与分析 ……………………………（130）

一　数据来源与描述性统计 ……………………………………（130）
　　二　纺织产业碳足迹结构突变检验 ……………………………（134）
　　三　模型估计与结果分析 ………………………………………（138）
　第四节　小结 ………………………………………………………（145）

第七章　纺织产业与节能减排制度的典型案例分析 …………………（147）
　第一节　绍兴市印染行业环境管理问题及对策 …………………（147）
　　一　绍兴市印染业发展及环境影响 ……………………………（148）
　　二　绍兴印染行业环境管理存在的问题 ………………………（148）
　　三　对绍兴印染行业环境管理的政策建议 ……………………（153）
　第二节　温州时尚产业高质量发展对策研究 ……………………（155）
　　一　温州时尚行业背景 …………………………………………（156）
　　二　温州时尚行业环境的问题 …………………………………（158）
　　三　对策建议 ……………………………………………………（159）
　第三节　全球五大"时装之都"纺织服装业产业升级
　　　　　对策 ………………………………………………………（166）
　　一　全球五大"时装之都"的核心做法和主要经验 …………（166）
　　二　启示与建议 …………………………………………………（170）

第八章　研究结论与政策启示 ……………………………………（174）
　第一节　主要研究结论 ……………………………………………（174）
　第二节　政策启示 …………………………………………………（175）
　第三节　研究不足 …………………………………………………（178）

参考文献 ……………………………………………………………（180）

后记 …………………………………………………………………（197）

第一章 绪论

本章首先给出了研究的背景、研究的理论和现实意义，在此基础上提出了研究的内容和目标。针对研究内容，本章描述了所采用的研究方法和技术路线。

第一节 研究背景

改革开放至今，中国在如此短时期内取得了令人瞩目的成就。然而，重工业化发展倾向和粗放型经济增长模式带来的资源环境的可持续发展问题越来越严重，在一定程度上制约着我国社会经济的发展。对此，国家政府部门极其重视能源消耗与环境污染问题。自2006年首次将"建设资源节约型、环境友好型社会"纳入《中华人民共和国国民经济和社会发展第十一个五年规划纲要》以来，各政府部门频繁出台节能减排政策规定以规范约束企业生产建设，绿色、环保、低碳与可持续性已经成为经济发展的主旋律。

纺织产业是我国工业的重要组成部分，是全国32个制造业中的第三大行业，同时中国也是全球最大的纺织品生产国和出口国，故纺织产业在国民经济中占据重要地位。根据国家统计局数据，2017年规模以上纺织企业累计实现主营业务收入68935.6亿元，实现利润总额3768.8亿元。但尽管如此，仍然有许多不确定因素在限制纺织行业的发展。例如，2017年，纺织产业及纺织服务业的能源消耗总量为7898.26万吨标准煤，能源消耗量在32个制造业细分行业中排名第6位。我国纺织产业全过程能耗大约为4.84吨标煤/吨纤维，相当于10.99吨二氧化碳/吨纤维。印染业能耗最多，约占全纺织产业能耗的58.7%，而印染厂主要能耗在于水、电、汽，占印染布生产总成本的40%—60%，因此印染业成为纺织产业节能减排的重点（奚旦立，陈季华，徐淑华，2009）。在此背景下，我国纺织产业的节能减排系列行动已经积极展开。

有关纺织产业节能减排的相关政策制度最早可以追溯到我国1992年发布并实施的《纺织染整工业水污染物排放标准》，该标准中提到了纺织染整工业、企业生产过程中水污染排放限制，监测和监控要求，对企业污染排放要求较低，对工业废气等污染物没有限制指标。进入21世纪以后，我国印染行业的高消耗、高污染等问题日益严峻，国家多次出台系列政策法规规范纺织印染行业运行。2006年10月1日起，国家环保总局公布《清洁生产标准——纺织业（棉印染）》。2008年2月4日，国家发展和改革委员会发布"印染行业准入条件"，以加快印染行业结构调整，对印染项目准入标准进行规范，推进印染行业节能减排和淘汰落后，促进印染行业可持续发展。2010年以后，我国纺织产业节能减排的工作力度明显加大，对纺织行业设定清洁生产与污染排放标准，提出其发展规划目标等。例如，《纺织染整行业清洁生产技术推行方案》（2010）、《纺织染整工业水污染物排放标准》（2012）、《印染企业环境守法导则》（2013）和《纺织产业发展规划》（2016）等，均对纺织产业提出了更加严格的要求，为纺织行业提升产业效率、实现绿色制造体系提供了有效指南。

第二节　研究意义

纺织产业是我国传统支柱产业和重要民生产业，在国民经济中占有重要地位，对吸纳农村劳动力发挥着重要角色，改善纺织产业同生态的关系将会有利于其可持续性，有利于我国经济的稳定。与此同时，我国纺织产业正在积极响应国家的相关政策制度进行节能减排。基于国内外关于纺织产业节能减排制度的研究，本书主要从三个角度进行研究与拓展分析：

首先，从单一环节到全产业链视角，能够有效解决"头痛医头，脚痛医脚"的问题，推进纺织产业全生命周期现代化治理。纺织产业节能减排制度研究的文献绝大多数局限于单一环节，或聚焦于产业链的末端治理，或聚焦于源头治理，或聚焦于中前段治理，但是从全产业链、全生命周期的系统论角度出发分析节能减排制度体系的研究却相对欠缺。中共中央、国务院在《关于全面加强生态环境保护坚决打好污染防治攻坚战的意见》中明确指出要强化产品全生命周期绿色管理。末端治理在环境管理发展过程中仅是一个重要的阶段，它侧重于生产结果的管控，是一种被动的治理方式，只能减缓生产活动的不利影响。从国际前沿的治理方式发展来看，前端治理（绿色设计、绿色生产等）和后端治理（排污管控、回收利用等）结合应用越来越重要。在实际中，实现纺织企业的绿色设计、绿色制造意义重大。这不仅能够实现节能减排目标，而且有利于提升我国纺织企业的国际形象和竞争力，使得纺织产业发展走得更远。可见，制度研究不仅要从单一环节、单一制度出发，更要有全局视野、全产业链、全生命周期的系统论视角，形成制度合力，进行综合研究，并构建起制度体系的工具箱，对制度体系工具箱内的制度和制度之间、制度和全产业链之间的关系进行逐一分析，揭示出制度与制度之间的替代性与互补性（沈满洪等，2017，中国水制度研究，p45）。促进节能减排，不仅要制定针对单一企业的政策，还要制定同时针对多企业的资源利用、共享与合理布局政策。例如，促进纺织印染企业的集群化发展，打破资源利用的空间布局不合理问题，提升资源使用效率，降低排污处理成本。一些地区正在实施的印染产业聚集园区（滨海工业区集聚）建设、印染产业基地建设，便是从宏观方面协调实现节能减排与产业转型。未来需要研究纺织产业科学布局、基础设施（供电、供水、供气、排污处理）共享利用、环保共性技术开发等方面的问题与支持政策等，特别是在一些节能减排的关键性技术研究与推广应用方面，政府应该加大支持力度，或直接参与技术研发，或通过奖励与补贴给予间接支持。

其次，从强制性制度要求到企业自愿行为，能够有效激发环境主体内生保护意识，由制度推着走向自发优化升级转变。政府行政管控制度暴露出很多局限性，为有效地控制各种类型的污染源排放，政府必须了解数以千计的企业及其运营活动的信息，所需的信息量大，耗费高（张学刚，2009）。此外，吴绩新等（2014）认为，在污染治理中，政府规制政策实施必须具备完全信息、无制度缺陷、不被规制者俘获以及能够动态调整。例如，政府要对纺织印染企业的实际情况进行排查，针对纺织印染企业取水、排水情况设置专门机构进行监督，建立数据统计系统进行管理，以便制定有效的规制政策。市场交易制度和企业自愿约束型在节能减排治理中具有一些特定优势。根据速水佑次郎（2009）关于诱致性技术创新理论的研究，当政府节能减排系列政策出台，极大程度地限制了企业能耗及排污标准，土地等自然资源生产要素的相对价格随之抬高，企业应对行政命令而改变生产行为，同时改革生产技术与制度，并进一步实现产业组织结构的优化升级。此时，用更少的要素投入生产一单位产品的社会能力得到提高。企业绩效的提高并非狭义的产出增加，而是同时强调单位耗能的减小，这在一定程度上也反映了节能减排本身的政策目标和实际效果。

最后，从"一刀切"到"差异性"的视角，能够有效降低对不同企业的损害，优化环境治理政策工具箱。回顾已有的纺织产业节能减排制度研究发现，"一刀切"制度居多。张昊（2015）认为，尽管污染物总量减排制度的实施取得了不少成绩，但问题依然很多，"一刀切"、错报、瞒报等问题时有发生。他分析并提出污染物总量减排工作应实现"量变"到"质变"的转换，适时转变考核机制，从单纯的削减总量转变到控制总量。数量控制往往缺乏灵活性和应变性，政策的制定往往是"一刀切"，以牺牲效率换取公平，最后，不利于刺激企业自觉控制污染动机，导致治理成本上升。生态环境部日前专门研究制定《禁止环保"一刀切"工作意见》，要求各中央环境保护督察组协调被督察的地方党委和政府抓好落实。不同类型的治理制度，其治理绩效可能存在差异。鲍莫尔等（2003）指出，当不同企业的边际节能减排成本存在显著差异时，采用按企业差别化设定节能减排标准的管制型工具与对不同企业按统一税费率征收排污费税或排污权交易等市场激励型工具相比，总的节能减排成本削减要大得多。

差异性可解释为"特征或内涵的多样性"。应用至产业,可定义为集聚产业特征或内涵的多样性差异。产业异质性并非经济学的新论题,20世纪70年代起就陆续出现针对产业异质性的研究。其中肯尼斯和申德尔(Kenneth & Schendel)最早留意这一现象,他们从产业组织视角明确界定了产业差异性内涵并对美国酿酒业的"行业内差异性"特征做了细致的提炼。赵伟(2017)在空间经济学框架下分析中国环境拐点时指出,考虑产业空间差异性及其"锁定"的因素,提出制度因素、人均国民收入和后发优势后,发现中国应当面对更高的EKC,因此环境拐点要推迟出现。沈满洪等(2001)认为,在不同的环境治理政策工具中,当管理成本较低而交易成本较高的情况下,可以选择"庇古手段"——税收来达到节能减排目的;反之,则适合运用自愿协商手段与排污权交易手段来达到治理环境目标。

第三节 研究目标与内容

本书将基于转型升级理论、环境规制理论、制度演化理论等三大理论基础,按照政府强制性制度、市场激励性制度、公众参与性制度将367项纺织产业节能减排制度进行分类,分别以纺织产业、纺织企业上市公司、纺织产品为典型案例,运用生命周期评价方法(LCA)、仿真模拟法和碳足迹核算法等研究方法,得出有关制度与环境、经济、生态绩效之间的互动关系和内在影响机制。同时,通过制度的研究,设计更加适合纺织产业发展的制度环境资源,进而推动纺织产业转型升级,更好地服务制造业健康有序发展。

根据上述目标设定,本书的研究内容主要由四个部分构成:

(1)纺织产品全生命周期制度及其绩效评价。选取具体的纺织产业这一典型的生产过程,采用LCA法分析生产工艺过程并对分阶段、分环节研究产品制造的全生命周期,从原料生产出发到产品成品生产完成,分析整个产品生产工艺过程的环境负荷,来定位生产阶段的主要环境压力,并编制生产制造各阶段的环境排放清单和总体生命周期清单。根据生产过程中各阶段的污染排放和环境负荷的评价结果,来确定纺织产业生产污染排放特征及其环境影响，并为纺织产业生产的环境管理提供改进意见和决策支撑。

（2）纺织上市公司环境信息公开制度及其绩效评价。中共中央、国务院《关于全面加强生态环境保护坚决打好污染防治攻坚战的意见》（2018）提出要加强对上市公司、发债企业等市场主体的监督，全面、及时、准确地披露环境信息。作为传统污染控制制度的有效补充，环境信息公开以其执行成本低、影响范围广和形式灵活的特点被广泛认可。本部分主要以 A 股上市公司为例，研究企业环境信息公开制度的出台对企业投资效率的影响，以及独立发布环境信息年报与投资决策效率的关联性。提出三大假说：第一，降低信息不对称程度是企业进行环境信息公开的重要原因；第二，企业进行环境信息公开有利于增加投资者认可度；第三，企业进行环境信息公开有助于获得更多消费者认可，但同时会增加企业成本。提出相关假说后，本书拟采用广泛应用的内容分析法和虚拟变量法，构建环境信息披露制度净效果 EID 模型，测算 2003—2016 年 674 家国内纺织企业上市公司的企业投资效率，进行描述性统计和稳健性检验。并分别基于面板 logit 模型研究和双重差分估计评价针对信息不对称对企业环境信息公开的影响和企业环境信息公开对企业财务表现的影响开展实证结果讨论。

（3）纺织产业总量控制制度及其绩效评价。纺织产业双总量控制（即总使用量、总排放量控制）制度，仅仅解决末端治理和源头控制，在政策体系上存在纺织产业内部差异化企业政策的漏洞。选取纺织印染集中的绍兴滨海工业园区作为典型案例，运用碳足迹核算方法和政策工具选择，对工业园区从源头用水到污染排放全流程企业构建理论模型进行实证分析。

（4）完善纺织产业节能减排制度的对策建议。在宏观上，为国家与地方有关纺织产业发展和资源环境管理部门，提出支持纺织产业转型升级的财政扶持、技术推广、资源利用、环境监管和结构调整的政策建议。在中观上，为纺织印染集聚区提出改进制度、中水回用、废水集中预处理和循环经济发展的措施与建议。在微观上，为纺织制造企业提供在不同的技术与政策情景下开展清洁生产的技术选择、优化解决思路和优化管理措施。

第四节 研究方法与技术路线

本书采用文献研究与实地调研相结合、问卷调查和专家会议相结合、理论模型分析与定量分析相结合以及比较分析与归纳总结相结合的研究方法，具体如下：

（1）生命周期评价方法（LCA）：选取丝绸产业这一典型的纺织产业生产过程，采用LCA法分析生产工艺过程并分阶段、分环节研究产品制造的全生命周期，从原料生产出发到产品成品生产完成，分析整个产品生产工艺过程的环境负荷，来定位生产阶段的主要环境压力，并编制生产制造各阶段的环境排放清单和总体生命周期清单。根据生产过程中各阶段的污染排放和环境负荷的评价结果，来确定纺织产业生产污染排放特征及其环境影响，并为纺织产业生产的环境管理提供改进意见和决策支撑。

（2）碳足迹核算方法：工业水资源消耗通常以新鲜用水计量，而废水排放含有污染物，两者的性质不同，因此，应用碳足迹折算方法可以使两者折算成统一量纲，把"水资源""水环境"两个因素复合成"水资源环境"一个因素，以实现与工业经济增长的耦合。

（3）案例研究法：根据国内外纺织产业节能减排制度演进规律，以及中国纺织节能减排政策，剖析纺织产业节能减排制度对纺织产业转型升级的影响因素，提出具有针对性的对策建议。

本书按照政府强制性制度、市场激励性制度、公众参与性制度将367项纺织产业节能减排制度进行分类，分别以纺织产业园区、纺织企业上市公司及纺织产品为典型案例，运用生命周期评价方法、仿真模拟法和碳足迹核算法等三种研究方法，研究得出有关制度与环境、经济、生态绩效之间的互动关系和内在影响机制，提出绩效导向的针对纺织产业转型升级的制度体系。

技术路线如图1.1所示：

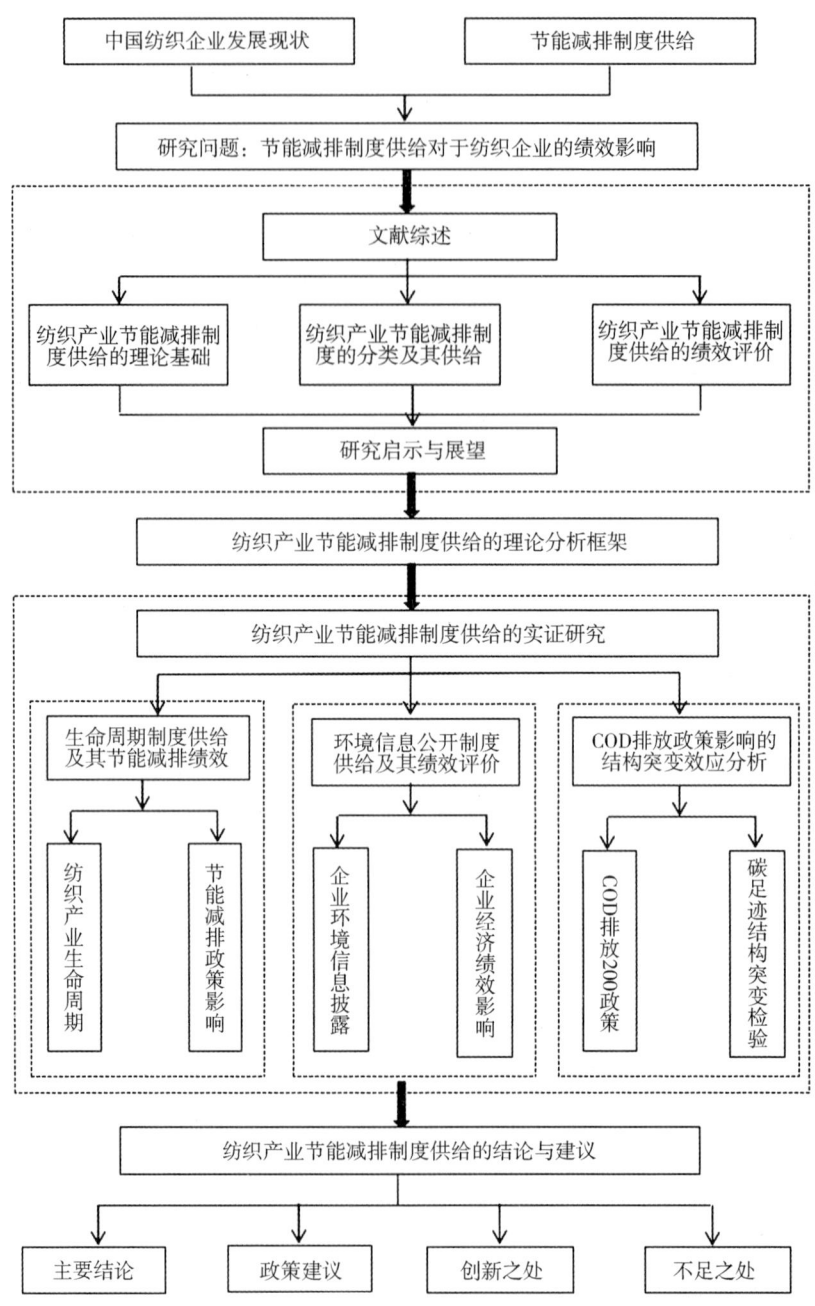

图1.1 技术路线

第二章 纺织产业节能减排制度及其绩效评价文献综述

上一章主要阐述了研究背景、研究意义、研究内容以及研究框架，本章主要围绕纺织产业节能减排制度及其绩效评价进行述评。本章首先梳理了转型升级理论、环境规制理论和制度演化理论的研究进展；然后，对纺织产业节能减排制度及其绩效评价进行了相关的文献梳理和回顾；最后，给出了研究不足和未来展望。

第一节 纺织产业节能减排制度的相关理论综述

本节将在梳理转型升级理论、环境规制理论和制度演化理论的基础上，系统回顾纺织产业节能减排政策制度的构成、绩效作用等，以明确以往研究取得的进展和不足，同时为后续研究的展开提供依据。

一 转型升级理论

（一）转型升级的必要性

转型升级是指资源从低效率部门向高效率部门转移，以及部门内的生产率提升［亨利多夫和罗格森（Herrendorf & Rogerson），2013］。转型升级不仅是经济保持长期增长的内在需要，也是环境与资源压力的倒逼。任何一个国家的工业化都伴随着转型升级的过程，因为当传统产业进入成熟期后，其经济发展速度会降低，资源耗竭和环境污染问题突出。赤松要（Akamatsu，1962）最早发表关于产业转型升级的雁行形态理论，他强调由于各国的发展阶段的不同，某一产业在不同国家的发展具有时间差异，因而通过产业转移和升级可以不断促进经济的转型发展。波特（Porter，1990）将产业进一步划分为低利润、低技术的低端产业和高利润、高技术的高端产业，他认为转型升级就是从低端产业向高端产业转型的过程。随着一个国家的竞争力要素的改变，该国的产业形态和结构也会不断发生变化。

20世纪90年代末，产业升级的概念被引入GVC（全球价值链）分析的框架中。格里菲（Gereffi，1999）研究了服装产业的国际贸易与产业升级，认为产业升级就是企业从低附加值的生产转向高附加值的生产。例如，东亚服装制造企业的转型升级就是从委托组装（OEA）、委托加工（OEM）、自主设计和加工（ODM）向自主品牌生产（OBM）转移。汉弗莱和施密茨（Humphrey & Schmitz，2002）、卡普林斯基（Kaplinsky，2002）则明确提出了一种以企业为中心、由低级到高级的四层次升级分类，将转型升级划分为：工艺流程升级（通过重组生产系统或是引入高级技术将投入转化为产出）、产品升级（根据单位增加值转向更高端生产线）、功能升级（获得链上新的、更好的功能、设计和营销）和链际升级（集中致力于附加值更高的环节）。发展中国家的企业不仅要实现产品生产的流程升级、产品升级，还要实现功能升级和链际升级。普昂（Poon，2004）认为，产业转型升级就是企业提高赢利能力，即一个从生产劳动密集型的低价值产品转向生产技术密集型领域、更高价值产品的常态过程。因为随着竞争的加剧，以及质量需求的提升，必然要求产业的不断优化转型。熊勇清（2013）认为，传统产业以传统技术生产传统产品为主，但这一概念在经济发展的不同阶段其内涵有所不同。

（二）转型升级机理

转型升级受到多个因素的推动作用，程淑佳等（2007）提出转型升级受到市场需求拉力、市场竞争压力等多个动力的推动作用。熊勇清、曾丹（2011）认为传统产业转型升级要综合考虑"国家需要""区域需要"和"现实基础"，这意味着同时要满足国家产业结构的调整和区域经济社会发展的需要并在现有产业基础和能力上操作。

转型升级的路径一般有两条：一是进行结构调整，即不同经济部门、不同生产环节、不同价值链条的结构比例发生变化；二是产业自身的技术进步，包括生产效率的改进以及技术创新等。因此，促进转型升级就是要促进经济结构的调整，淘汰落后产业。同时，还应不断推进技术更新，提升生产效率。小岛启太郎（Kojima，1973）提出产业发展的效率化，即一个产业的生产方法的改进、生产效率的提高、生产成本的降低，引起资本蓄积，进而提高资本对劳动比例，从而使生产向资本集约度更高的生产方法发展。恩斯特（Ernst，2001）认为产业升级可分为产业间升级和产业内升级，其中前者是细分产业的结构变化，后者则是要素升级、需求升级等。德鲁克和费瑟（Drucker & Feser，2012）利用二手数据分析，得出结论，产业集聚能够有效促进产业结构的优化调整。

转型经济不仅是经济环境的变动所致，也受到制度、人为设计的推动。制度经济学派强调有效的制度设计能够促进产业升级，例如通过产权设计，包括排污权、水权、林权等的设计，能够促进资源的有效利用，进而促进产业升级。夏若江、胡振红（2008）认为，市场治理和准科层治理模式有利于促进资源的集聚，提升价值创造力，再加上一定的学习与创新能力就能实现产业价值链升级。王柏玲、李慧（2015）认为，转型升级不仅是要素禀赋动态变化的过程，也是政府、企业选择的过程。祁明德（2015）认为，技术进步、市场化水平及产业集聚等重要动力因素均可促进企业转型升级。

二　环境规制理论

（一）环境规制的必要性

尽管环境规制在不同的国家有不同的形式，但是随着工业化和全球化进程，环境规制已经成为一个全球性问题。例如，纺织产业是高碳产业，它在运行过程中消耗大量的能源，包括煤、电等。全球每年生产600亿公斤织物，但也会消耗1万亿度电、9万亿升水（王满华，李戎，林琳，2015）。我国纺织产业全过程能耗大约为4.84吨标煤/吨纤维，相当于10.99吨二氧化碳/吨纤维。其中印染行业约占全行业能耗的58.7%，而印染厂的水、电、汽消耗占印染布生产总成本的40%—60%，它是纺织行业节能减排的重点（奚旦立，陈季华，徐淑华，2009）。纺织产业产生的污染物排放主要是生产过程中的废水、废气和固体废弃物等。《2015年中国环境统计年报》数据显示，截至2015年，41个重点调查的工业行业中，废水排放量位于前4的行业依次为化学原料和化学制品制造业、造纸和纸制品业、纺织产业、煤炭开采和洗选业，4个行业的废水排放量为82.6亿吨，占重点调查工业企业废水排放总量的45.5%。其中，印染行业的废水和COD排放量一直位居我国全部工业行业前列。同时，印染行业的废水排放量约占整个纺织产业的80%，占全国工业废水排放量的10%左右。这些数据也反映了纺织产业节能减排任务的艰巨性。

从经济学角度而言，企业或者消费者都是在有限资源约束下做出决策，选择最大化自身利益的经济行为。但是，在经济社会中，经济主体的行为往往会产生"溢出效应"，对其他经济主体产生影响，这就是所谓的外部性问题。节能减排问题就源自企业生产经营行为的外部性，单个企业对能源的消耗以及对环境的污染会对其他经济主体产生影响。纠正外部性问题的一个重要措施就是建立制度体系来规范和约束经济主体的经营行为，实现节能减排。

从社会观点而言，政府应该代表公众利益承担环境规制的职责，但是自由主义观点认为政府应该尽可能少地干预，市场机制或私人机构能够更有效提供环境福利。早在19世纪美国就通过法律对环境与自然资源利用进行规制（Nelson，1995），例如 the General Land Ordinances（1785、1787）、the Homestead Act（1862）、the Mineral Lands Act（1866）、the Timber Culture Act（1873）。从1880年到1960年，在环境规制方面，政府的作用发生了转变，从仅仅处置公共土地转移到强调管理，获取最好、最多、最长时间的产品。著名学者吉福德·平肖（Gifford Pinchot）认为科学管理自然资源应该是经济发展中获取持续产出、高效的一项指导原则。随着工业化、城市化的发展，触发了一些新的环境问题，因此第三阶段的环境规制政策开始关注空气、水污染、有毒化学物质、固体废物处理以及产业增长的技术进步推动等。这也提升了政府在环境规制上的作用。例如，在1970年前后，美国通过很多与环境规制有关的法律，如 the National Environmental

Policy Act（1969）、Clean Air Act（Amendments，1970、1977）、the Clean Water Act（1972）、the Endangered Species Act（1973）、the Toxic Substances Control Act（1976），并推动了1970年美国环境保护署的成立。从20世纪80年代开始，美国政府极大地扩展了其在环境问题上的作用，主要表现在土地管理向公共健康、工业健康与安全、农业发展、城市规划等方面。

（二）环境规制办法

环境规制通常遇到两个挑战，一是环境规制对公共产品的保护往往会与私人权利（尤其是私人产权）发生冲突；二是环境问题通常涉及长时期、多个地区，而涉及规制中的大多数的个体具有很短时、狭隘的利益。在早期阶段，环境规制主要是政府部门通过法律和行政命令限制私人权利，直接限制能耗与排污，强制降低能耗、减少排污量巴登和斯特鲁普（Baden & Stroup，1981）。因此，在1970年代，命令—控制方法经常被应用于环境规制中，政府设定严格的法律来限制和惩罚违令者。尽管这一方法取得了部分成功，但是仍会出现"政府管制失败"，例如，政府在做出管制决策时缺乏激励考虑其决策的全部社会成本。另外，政府对复杂的社会与环境互动问题的理解也很有限，这限制了其做出明智的规制决策。

实际上，早在20世纪初，庇古（Pigou，1920）在《福利经济学》一书中就提出通过税收（也被称为"Pigovian taxes"）解决此类问题，通过对排污主体收费或征税来降低能耗、减少排污。到了20世纪60年代，学者们提出通过市场交易实现环境规制。它的理论基础来自科斯（Coase，1960）的《社会成本问题》，并提出，只要产权清晰，且交易成本为零，利用市场交易机制可以解决节能减排问题。交易制度将环境资源产品市场化，通过供需双方自愿交易可以解决排污造成的社会成本与私人成本分离以及社会收益与私人收益分离的问题。在科斯（Coase）的启发下，排污权交易制度、水权交易制度、碳权交易制度、生态有偿服务制度（PES）等纷纷发展起来（Pagiola等，2002；Engel等，2008；魏楚，沈满洪，2011）。安德森和莱尔（Anderson & Leal，1991）认为通过内部化成本以及设立合适的激励,可以使市场和环境问题能够相容。这一观点也改变了那种认为环境保护与经济发展不相容的看法古德·斯坦(Goodstein,1999)。用市场机制来实现环境规制的具体方法有绿色税收(green taxes)、可交易的排放许可证(包括限额交易制度等)以及消除有害排放的政府补贴等。另外,还有一些其他办法,例如,政府对节能减排的奖励政策以及各种节能低碳认证制度,后者主要是通过权威机构对经济主体及其产品的节能认证、低碳认证来形成激励制度,鼓励节能减排。从制度体系的发展来看,行政管控型制度在逐渐弱化,而市场激励制度、产业政策干预型制度在逐渐扩展(张学刚,2009)。

三 制度演化理论

(一) 制度的起源

制度能够在一定程度上将外部性内部化,降低参与者之间由不确定性引起的交易成本(黄凯南,2014)。制度促进了人们的共享信念的形成,并促进行为规则的稳定,有利于交易的开展,降低交易成本,促进生产增加。一般而言,制度具有两种重要功能:激励约束和塑造共同认知。其中前者主要来实现界定参与者们行动的成本和收益构成。

尽管科斯(Coase,1937,1960)强调了制度安排的重要性,但是并没有提供一个能够分析制度起源与演化的框架。德姆塞茨(Demsetz,1967)从交易成本角度解释了产权的起源,并指出,当存在经济外部性时,如果交易内部化的收益大于成本,那么产权就会产生,将外部性内部化。另外,技术进步、新市场的开辟以及对旧产权的协调都是新的内部化及产权演进的动力。纳尔逊和温特(Nelson & Winter,1982)研究了组织的演进,认为组织成员的活动将沉淀为组织特有的文化,并被组织记忆、传承,组织文化的不断演进又推动着企业变革。海纳(Heiner,1983)认为,有限理性的个体在活动时广泛依赖风俗习惯,这一方面限制了可选择项,但另一方面使得行为可以预测。另外,随着人类对自然环境的掌控,更多的不确定性来自人类的相互作用以及由此造成的人文环境的不确定,由人为的博弈促进了一个新层次的规则与制度形成。

诺斯和托马斯（North & Thomas，1973，1981，1990）研究了包括产权、国家等在内的制度变迁，强调物质环境造成的不确定性，使得经济行为者只具有"有限理性"（大脑加工、组织与信息能力决定了个体计算能力的局限性），这要求人们必须借助"干中学"（个人学习、社会学习）、社会秩序以及制度来降低不确定性，稳定预期及组织生产活动。同时，又由于要更好地实现技术知识的传承与积累，需要依赖制度解决知识（各种技术生产活动）分工与使用的问题。诺斯（North）认为，所有的交易成本根植于信息的非对称，制度的核心问题就是解决信息不对称问题，剔除损害经济的行为。

（二）制度的分类

诺斯（North，1994，2004）区分了正式制度和非正式制度，他认为，非正式制度主要指社会团体之间的集体学习、创新与模仿，是人类自发互动形成的；而正式制度则是统治者之间相互关系演化的结果，是外在强加给共同体的；他进一步指出社会成员间的学习及模仿行为放大了机会主义和搭便车行为，促进了正式制度的形成。诺斯进一步强调了制度演化的认知路径依赖导致制度本身的路径依赖，以及经济的路径依赖。

威廉森（Williamson，2000）对制度层次进行了划分，并提出了不同层次制度演进的时间。他指出，第一个制度层次是嵌入制度，是制度的最高层次，包括非正式制度、习俗、传统、道德和社会规范、宗教以及语言、认知等，这个制度的改变和适应至少需要 1000 年。第二个制度层次是博弈的正式制度，包括宪法、政治体制、人权以及产权法律等，它们变迁的时间在 10—100 年。第三个制度层次是治理机制或交易模式，包括商品交易制度、合约关系、公司治理及私人投资和信用体制，它们的变迁时间在 1—10 年。第四种制度层次是日常行为规则，包括生产、雇佣、价格、工资和成本等安排。

（三）制度的演进

关于制度演进，主要有两大理论方向：一是强调效率因素是制度演进的关键，但是这又可能导致对完全理性的依赖，并招致很多学者的批评；二是强调信息结构、学习与演化是制度演进的关键。效率学派认为，如果一项制度安排能够降低成本，包括交易成本，那么它就能够流行起来。例如，哈耶克（Hayek，1968）认为，制度是自然演化的结果，人们不可能有足够的知识去有意识地设计制度，因而自由主义是社会自动或自发形成制度的动力，市场效率是其存在与稳定的关键。诺斯和托马斯（North & Thomas，1973）关于海上贸易与西方社会的崛起也支持效率因素是制度形成的保证。施密特（Schmit，2004）认为，功能理论强调制度变迁的效率因素；同构理论强调路径依赖、惯性导致制度的稳定性；学习理论强调制度变迁的认知因素。另外，制度也随着人口、资源、技术和人们的主观意识、想象而变化，其中累积和规则化成为非正式制度变迁的驱动力。而正式制度的变迁取决于制定规则的规则。在主流经济学理论中，认为不同制度一定都是其所处社会环境中最有效率的制度。但是也可能坏制度持续存在［阿西莫格鲁、约翰逊和鲁滨逊（Acemoglu，Johnson & Robinson），2001；Bowles，2004］，例如寻租制度、利益集团、官僚问题等。Acemoglu 等（2005）提出，本期的政治制度和资源分配决定了本期的政治权力，而这又决定了下一期的政治制度，以此循环，形成了一个政治制度与经济制度的互动演化。

不过，到 20 世纪 90 年代以后，随着博弈理论、信息经济学、有限理性等引入制度分析框架中，制度演进的因素又发生了很大变化。诺斯（1994）认为，随着人们认知提升，制度也在不断改变。因此，社会制度（社会规范、习惯、惯例、习俗等）起源于个体行为，但是它们又约束并影响着个体行为。青木昌彦（2002）主张运用主观博弈模型解释制度的演化过程。他发展了诺斯的路径依赖与制度创新理论，他利用有限理性、进化博弈模型分析制度演化，他放弃了完全理性的博弈模型。青木昌彦认为，纳什均衡所要求的共同知识和正确信念在实际中是不存在的。他进一步提出包含了惯性（inertia）、近视（optima）的演化稳定战略以及进化稳定战略，并且认为只有当规则的认知内容和协调内容成为人们的共同信念后，规则才能发展成为制度。

还有学者认为制度与个体行为是互动内生的。鲍尔斯（Bowles，2004）认为，制度与偏好是共生演化，早期的制度主要嵌入文化、政治秩序中，宗教、习俗、政治和日常生活交织，而在资本主义社会，工作独立出来，商品经济交易统治着社会，因此制度发生了很大变化，正式制度主导着整个生活。格雷夫（Greif，2006）研究了内生制度变迁理论。他提出准参数和制度强化两个概念，由制度诱导的行为和作用过程可能导致参数的变动，并强化制度。他描述了制度演化过程，行为一旦验证了先前的信念，就会强化制度；相反，如果行为削弱了先前的信念，制度就会弱化。

制度的演化会有路径依赖性。一方面，新制度的形成需要学习成本；另一方面，制度转型可能导致较高的协调成本，并且存在个体之间的利益冲突。因此，周业安、杨祐忻、毕新华（2001）认为，应该从经济行为、社会网络的嵌入性考察制度的演化。他们指出，经济行为实际是嵌入社会关系的。个体行为不完全具有个体特征，它也是社会行为，具有社会性，与社会关系有关。如果高度社会化，那么个体行为的"原子性"就消失。社会化程度取决于以市场交易为基础的非人格交易的辐射程度。一定的社会结构决定了个体的知识空间，每个个体的知识又不同，进一步需要寻求一些共同机制，这就产生了制度演化。

章华、金雪军（2005）认为，新制度经济学侧重于成本—收益分析和对利益机制的研究，该理论重点关注制度演化的实际效果。演化经济学强调制度演化的本质，更强调认知和知识的演化作用。雷国雄、陈恩（2009）提出了一个拟生物演化的制度变迁模型，将制度基因、组合、创新与记忆、多样性与效率融入制度变迁模型中。文化、习俗、正式制度等的区别在于其创新概率不同，进而决定了各个层面制度的多样性水平。朱富强（2012）认为除了博弈之外，社会力量结构的自发变动、社会力量结构的自觉变动，以及对制度本质的社会认知提高都会促进制度的变迁。其中，后两者都与认知有关，认知在非正式制度转化为正式制度中扮演着重要角色。同时，新古典主义主要基于效率原则设计社会制度。因此，制度优化主要基于正义原则和效率原则。他认为，力量和认知这两大因素在影响制度变迁的过程中，认知是至关重要的，它既产生独立的作用，同时也影响着前者。互动学习是制度演化的重要动力。黄凯南（2014，2016）认为，中国经济转型升级本质上是制度的变革和演进，而非仅仅是量的扩张。必须从多主体和多层级制度演化的视角,理解经济系统的转型升级。而政府出台相关宏观政策和产业政策时,必须将这种复杂性纳入考虑,并给转型升级留有充分演化的时间。

第二节 纺织产业节能减排政策制度

节能减排的制度体系研究较为丰富,从依法治理,到发挥市场决定性作用,再到价值观念转变形成自愿性减排降污,不同的政策工具在实现节能减排方面能够发挥不同的功效。已有不少研究将纠正环境外部性问题的制度类型划分为两类,例如爱斯基兰和吉梅尼斯(Eskeland & Jimenez,1991)等,他们划分为命令—控制制度工具和基于市场的经济激励制度工具两种。同时,也有研究进行三元划分,即命令—控制型政策工具、基于市场的激励型环境政策工具和商业—政府合作型环境政策工具(李挚萍,2005;宋姣姣等,2011)。还有如世界银行的哈密尔顿(1998)将制度和政策手段划分为实施环境法规、利用市场、创建市场、鼓励公众参与等四类。根据国内外研究经验,沈满洪(2012)构建了公民自觉的引领性制度、权衡利弊的选择性制度和别无选择的管制性制度的制度体系。基于上述研究,节能减排制度建设应该构成行政管制性制度、市场激励性制度和公众引导性制度的制度体系。我国纺织产业节能减排的主要制度分类如表2.1所示。

表2.1 我国纺织产业节能减排的主要制度分类

	主要工具	制度类型	主要特征	执行要求
节能制度体系	行业节能准入标准	行政管制性	数量与标准控制、控制严、影响大、灵活性弱,不适应复杂多变的企业类型与市场条件	信息要完备、无激励扭曲、不被规制者俘获、执行力强
	能耗总量控制			
	节能财政激励	公众引导性	引导性强、扶助激励大、弥补市场的不足	无激励扭曲、引导方向明确
	节能量交易、碳排放交易制度	市场激励性	调节相对灵活,自主性强、创造性强、交易成本小	产权清晰、交易制度明确、竞争有效、无合谋
	节能、绿色产品认证制度			

续表

主要工具	制度类型	主要特征	执行要求
排放标准制度	行政管制性	数量与标准控制、控制严、影响大、灵活性弱，不适应复杂多变的企业类型与市场条件	信息要完备、无激励扭曲、不被规制者俘获、执行力强
污染物总量减排制度			
排污权交易制度	市场激励性	调节相对灵活，自主性强、创造性强、交易成本小	产权清晰、交易制度明确、竞争有效、无合谋
排污监督与惩罚制度	行政管制性	形成有效约束	信息公开透明、执行力要强

（减排制度体系）

资料来源：笔者整理相关资料得到。

一 引导性制度

（一）引导性制度的定义

引导性制度主要是从道德教化来引导节能减排。李挚萍（2005）、宋姣姣等（2011）认为这是建立在政府、排污企业及广大群众自愿参与实施的基础之上的，属于道德劝告性质的自愿环境管制，而一般不具有强制性的执行要求。例如，政府对节能减排的奖励政策以及各种节能低碳认证制度，后者主要是通过权威机构对经济主体及其产品的节能认证、低碳认证来形成激励制度，鼓励节能减排。波特和范德林（Porter & VanderLinde，1995）提出一个著名假说，即严格且适宜的环境政策干预将引致企业技术创新，最终企业不仅能够实现节能减排目的，还能从中获取超过或完全补偿企业环境治理成本的收益。尼杜默鲁、普哈拉和兰加斯瓦米（Nidumolu，Prahalad & Rangaswami，2009）通过对30多家大型企业的研究发现，可持续发展计划提升了企业的创新激励，较高的环保标准促使企业积极需求增长方式转变和技术升级。传统观点认为，较高的环保标准会通过资本与产业转移方式来降低环境成本，但是实际上节能环保约束促使企业通过结构调整和研究开发等方式来适应新的要求，环保约束在企业的运营方式转变方面起了催化作用。那些环境友好型的企业可以坚持可持续发展战略，进一步降低生产成本和增加收益，并构建长期发展的竞争优势。廖明球（2011）的研究显示，企业要实现节能减排目标，需要同时从技术层面以及运营结构层面进行调整，前者通过技术进步实现节能减排，后者通过产品结构、生产结构、资源使用结构等的调整实现节能减排，通过限制高耗能、高污染工艺环节或设备的应用，进而鼓励绿色低碳工艺的发展。胡芸（2017）等认为，排污权交易等机制将水资源生态成本内化为企业生产成本，形成了"谁使用谁付费""谁排污谁付费"的资源有偿使用机制，提高了企业的环保意识，积极地寻求新的生产方式降低能源消耗和污染物排放，这种倒逼机制促使企业的生产率和生产方式不断改进。

沈满洪（2016）认为，在教育引导方向上，强化绿色消费理念和"货币选票"意识，特别是可以发挥绿色社团的作用，鼓励绿色社团的组建、支持绿色社团的活动、发挥绿色社团的作用。李挚萍（2005），宋姣姣、王丽萍（2011）认为道德教化一般不具有强制性的执行要求，是建立在政府、排污企业及广大群众自愿参与实施的基础之上的。例如也可以通过权威机构对经济主体及其产品的节能认证、低碳认证来形成激励制度，鼓励节能减排。

(二) 引导性制度的类型

非正式规制或社会压力也能使企业变得更环保（达斯古普塔等，Dasgupta et al., 1999；帕高等，Pargal et al., 1997）。这一类节能减排制度，包括企业绿色标识认证体系、企业社会责任与环保意识、企业产品标准、质量、安全自我声明和监督制度、股东选票等，以及消费者环保意识、公众参与监督、社会道德规劝以及社会信用体系等。该制度的核心是将企业的节能减排行为与企业的社会声誉、产品品牌（节能低碳环保产品认证）以及市场信用（在行政审批、融资授信、资质评定、政府采购等方面享受的优惠或资格）等价值环节联系起来，以此约束企业的行为，促进企业节能减排活动。例如，实施了环境标志制度，纺织品的生产和使用过程就不会产生或很少产生污染环境的物质，从而减轻社会治理环境污染的负担。

（三）引导性制度的效应

实际上，与其他规制手段（选择性制度、强制性制度）一样，引导性制度也很重要［科恩（Cohen），1999；布莱克曼（Blackman），2007］。帕高等（1997）认为，当正式规制措施不足时，受环境污染影响的社会群体可以通过与当地企业的谈判来减少排污，这就是一种非正式规制。例如，自愿污染控制协议是一种环境规制措施，它可以节约相应的管理成本、法律执行成本等［塞格松和米契利（Segerson and Miceli），1998；吴和巴布克科（Wu and Babcock），1999；布莱克曼和西斯托（Blackman and Sisto），2005］。一些研究表明，促使企业更环保的因素包括当地居民的收入、受教育程度、受污染程度以及企业对当地经济的重要性、污染可见程度等［朱莉等（Julie et al.），2003；加西亚（Garcia et al.），2008］。另外，还有一些研究发现，产业的市场结构也会对企业的环保合规性产生影响。企业的排污行为会由于来自内部、外部的压力而改变（朱莉等，2003；加西亚等，2008）。有案例表明，一些公司会自愿采取环保举措，因为投资者和消费者会施加压力［卡纳和安东（Khanna and Anton），2002；布莱克曼，2010］。在环境规制中，政府规制者、股东以及市场压力等都可能给企业形成压力，要求其提高环保绩效［布莱克曼，2010；达斯古普塔（Dasgupta et al.），2010；格林斯顿（Greenstone），李斯特和西弗森（List and Syverson），2012］。

张学刚、侯文杰（2007），张学刚、王玉婧（2010）等认为，企业自愿形成一种环境约束是一种非正式制度。它的最大特点是非强制性，企业由被动的节能减排治理转向主动的节能减排治理，节约了大量的政府规制成本。这一制度降低了交易费用，在提升环境质量方面优势明显。与其他制度相比，自愿型制度有其优势。正如沈满洪、何灵巧（2001）所述，在不同的环境治理政策工具中，当管理成本较低而交易成本较高的情况下，可以选择"庇古手段"，通过税收来达到节能减排目的；反之，则适合运用自愿协商手段与排污权交易手段来达到治理环境目标。鲍莫尔、奥茨（2003）也论证，当不同企业的边际节能减排成本存在显著差异化时，采用对不同企业设定同一节能减排标准的管制型工具与对不同企业按统一税费率征收排污费税或排污权交易等市场激励型工具相比,总的节能减排成本削减要大得多。因此,市场交易制度和企业自愿约束型制度在节能减排治理中具有一些特定优势。

二 选择性制度

(一) 选择性制度的定义

选择性制度就是通过主体的经济选择来实现节能减排。沈满洪(2016)认为,选择性制度包括:基于"科斯定理"实施有效的环境产权交易制度(和基于"庇古税"理论实施有效的生态环境财税制度。该制度基于市场激励理论,它的理论基础来自科斯(1960)的《社会成本问题》,科斯提出,只要产权清晰,且交易成本为零,利用市场交易机制可以解决节能减排问题。交易制度将环境资源产品市场化,通过供需双方自愿交易可以解决排污造成的社会成本与私人成本分离以及社会收益与私人收益分离的问题。在科斯的启发下,排污权交易制度、水权交易制度、碳权交易制度、生态有偿服务制度(PES)等纷纷发展起来(Pagiola 等,2002; Engel 等,2008;魏楚、沈满洪,2011)。政府也通过税收减免、科技创新奖励、科研课题项目补助等支持企业节能减排技术开发与吸收应用(金梁,2017)。罗俊杰等(2012)、刘霞玲等(2012)、刘霞玲等(2013)认为,积极有效的财政补贴政策(政府投资、政府采购、转移支付等)对于那些小规模企业的节能减排技术改造非常重要,它减轻了它们的资金投入压力和风险承担能力,具有明显效果。刘明娟(2015)认为,促进节能环保产业与纺织产业耦合发展意义重大,而关键是通过税收优惠、财政奖励、低息贷款、国家拨款、政府采购等财政和货币政策,引导其健康稳定发展。2014年,国家发展改革委、财政部、工业和信息化部、国家能源局、国家质检总局、国家标准委联合发布《关于印发能效"领跑者"制度实施方案的通知》(发改环资〔2014〕3001号),要求建立能效"领跑者"制度,该制度也是一种财政激励制度。对于入围省高耗能行业能效"领跑者"目录的,政府可给予企业一定的政策倾斜,可优先推荐申报国家和省节能专项资金项目。

（二）选择性制度种类

选择性的第一种类型就是政府利用产业政策、补偿制度、财税制度来影响企业的节能减排行为,达到环境治理目标。它的一个形成原因是市场治理并非完美,也存在市场失灵的情形。很多企业处于成长阶段,其不足以用资金、技术解决节能排污问题,政府的适当干预既能减缓企业节能减排的压力,保持经济稳定增长,又能激励企业转型升级,提升发展质量。庇古（1920）在其《福利经济学》中就提出通过税收（也被称为庇古税,"Pigovian taxes"）解决此类问题。通过政府对排污主体收费或征税来构建私人边际成本与社会边际成本的联结,以此控制能耗和排污问题。

1979年我国发布《中华人民共和国环境保护法（试行）》、2003年国务院公布《排污费征收使用管理条例》,它们确立了排污收费制度。在纺织产业方面,收取高额排污费、设置排污标准和其他行政手段（拉闸限电）来强制企业节能减排,这些规制措施在许多地方被采用。1979年《中华人民共和国环境保护法（试行）》正式确立了排污费制度;2003年国务院公布的《排污费征收使用管理条例》对排污费征收、使用的管理作了规定。其中,2003年至2015年,全国累计征收排污费2115.99亿元,废气排污费占比82.85%;污水排污费占比6.97%;噪声排污费占比9.98%;固体废物排污费占比0.2%。排污收费制度是典型的管控型制度,不过,其收费标准、收费量常常受到地方政府干预的影响而发生变化。赵昌文、许召元、朱鸿鸣（2015）通过实地调研,发现大多数企业认为排污成本在营业收入占比较小。这就让高污染企业有动机通过"合法排污"换取企业经济效益的增长。

其后,我国又制定了一系列政策干预:（1）国家通过公布《产业结构调整指导目录》《外商投资产业指导目录》《鼓励进口技术和产品目录》《"十二五"节能减排综合性工作方案》等,准确定位化纤工业的鼓励和限制领域,引导产业发展方向;（2）利用产业政策对符合条件的纺织化纤重点工程建设予以支持,对其建设技术中心、工程中心、重点实验室等技术创新平台给予财税、金融等有关优惠政策支持,对于化纤企业的技术改造与业务流程升级给予支持;(3)政府利用资产重组增值税、所得税的相关优惠政策,鼓励企业兼并重组淘汰落后产能;(4)通过排污费返还、税收减免、科技创新奖励、印发环保企业专用标签等方式对企业节能减排进行支持,诱发企业技术创新。政府通过科技人才引进补助、科研课题项目补助等支持企业节能减排技术开发、吸收应用。

选择性制度的另一种类型就是市场交易型制度。依据一些学者的观点,环境污染问题主要由市场失灵引起,根据科斯定理,只要交易成本为零并且环境资源产权清晰,就可以通过构建"环境市场"解决排污问题［卡纶和托马斯(Callan & Thomas),2006］。以市场激励为主的节能环保手段包括构建碳排放权交易制度、用能权交易制度、排污权交易制度、环境税费等机制(沈满洪,赵丽秋,2005;沈满洪,2009;陈庆能,沈满洪,2009;赵玉民,朱方明等,2009;江珂,卢现祥,2011)。沈满洪(2009)认为,在我国一些省份,例如浙江省建立排污权交易的大多数条件已经基本具备,通过制度创新和科技创新可以实现节能减排市场化治理。2006年杭州市政府发布《杭州市主要污染物排放权交易管理办法》;2007年嘉兴市政府发布《嘉兴市主要污染物排污权交易办法(试行)》,2008年绍兴市政府发布《绍兴市区排污权有偿使用和交易实施办法(试行)》。2008年桐乡市率先启动排污权交易制度,管住企业排污源头。企业新建、改建、扩建项目的排污权都需要到市场上"购买"。为了平衡经济发展与环保之间冲突,在一些地区的纺织产业节能减排制度中,排污权交易制度还融合总量控制。例如,浙江省绍兴市的纺织产业就施行总量替代制度,总量替代制度对企业新增加的排污指标进行了严格控制,排污权交易一次,排污总量就削减一次。如果是落后产能必须淘汰,无法获得新增排污指标,新增排污指标必须是新生产线增加的排污。近年来,绍兴市对建设项目的审批趋于严格,排污权交易价格也越来越高。在国务院发布的《"十三五"节能减排综合工作方案》中,要求建立和完善节能减排市场化机制①，包括用能权、排污权、碳排放权交易机制等，要求开展用能权交易试点，扩大排污权交易试点范围，发展跨区域排污权交易市场。

（三）选择性制度的效应

从经济学角度而言，每个"经济人"都是在有限资源约束下做出决策，选择最大化自身利益的经济行为。但是，在经济社会中，经济主体的行为往往会产生"溢出效应"，对其他经济主体产生影响，这就是所谓的外部性问题［布坎南和斯塔布尔滨（Buchanan & Stubblebine），1962］。节能减排问题就源自企业生产经营行为产生的外部性，单个企业对能源的消耗以及对环境的污染会对其他经济主体产生负面影响。纺织产业是高碳产业，在运行过程中消耗大量的能源，包括煤、电等，并产生诸多排放物，进而会对其他经济主体产生影响。

纠正外部性问题的一个重要措施就是建立制度体系来规范和约束经济主体的经营行为，将外部性问题内部化，实现行为主体的成本与收益之间的匹配（Jaeger，2012）。不少学者认为，政府应当且有必要通过在一定范围内的税率调节和财政补贴政策引导企业的生产行为，特别是在低碳技术创新与生产应用、低碳产品研发等方面的补贴上（李白冰，1995；鲁文龙，陈宏民，2003）。马斯格雷夫（2003）从公共产品提供理论观点，提出一定的政府补贴对企业生产和提供公共环境物品非常有必要，且合理。哈钦森、肯尼迪和马丁内斯（Hutchinson，Kennedy，Martinez，2010）的研究表明，一定的政府补贴可以促进企业的生产结构向清洁能源生产结构转变。张国兴、张绪涛、程素杰等（2013）从信息的不对称性和不完全性角度，研究了节能减排补贴政策的有效性，他们考虑企业与政府之间的博弈，在节能减排实施过程中，企业维持高碳路径以减少低碳投入成本，政府补

---

① 国务院2016年12月20日发布《"十三五"节能减排综合工作方案》（国发〔2016〕74号）。该方案要求实施工业污染源全面达标排放计划，对于建设项目要求实行主要污染物排放总量等量或减量替代。按行业推进控制污染物排放许可制，建立以排污许可制为核心的工业企业环境管理体系，建立健全企事业单位污染物排放总量控制制度。

贴机制可能因为企业的节能减排伪装而失效。张国兴、张绪涛、程素杰等（2013）强调企业进行节能减排、申请补贴的环节中，一定要制定并公布详细而明确的减排、补贴标准，杜绝信息模糊空间的存在；另一方面即是在补贴审核过程中，由具有行业从业经验的专业人士参与，以解决政府人员信息不完全的问题；还可以通过企业之间竞争性，鼓励企业互相监督。张国兴、张绪涛、汪应洛等（2014）认为，有效的财政补贴将能够很好地规范、引导和调节企业的节能减排行为，使之朝着有利于整个社会环境改善和经济效益提高方面发展，实现政府的宏观调控意图和发展战略目标。也有一些研究批评"庇古税"，认为它没有考虑到私人产权问题［奈伊（Nye），2008；巴尼特和扬德尔（Barnett & Yandle），2009］。周志波、张卫国（2015）研究了我国资源税制度演化，提出我国资源税改革应当：坚持从价计征；按照租税分流的原则，建立权利使用金制度和资源超额利润税制度；推动资源税立法进程，降低"政府俘获"风险；配套完善地方税体系改革，明确资源税在分税制财税体制中的地位。

总体来看，已有研究强调了产业补贴政策等的重要性，但对于它与其他政策制度的关系、地位未作详细探讨，未能明确节能减排各种政策中的主辅政策安排。由于各种政策之间存在交叉效应，各有利弊，应进一步明确其相互关系及耦合机制，最大限度发挥政策组合效用。另外，现有研究主要集中于政府补贴、税收优惠的合理性探讨，而较少涉及其实施障碍（如信息不完全性、道德风险问题等），关于补贴支持类型、时机及退出机制等也未做深入研究。

选择性制度的另一类就是市场交易制度，它的理论基础来自科斯（1960）的《社会成本问题》，科斯提出，只要产权清晰，且交易成本为零，利用市场交易机制可以解决节能减排问题。交易制度将环境资源产品市场化，通过供需双方自愿交易可以解决排污造成的社会成本与私人成本分离以及社会收益与私人收益分离的问题。在 Coase 的启发下，排污权交易制度、水权交易制度、碳权交易制度、生态有偿服务制度（PES）等纷纷发展起来（Pagiola 等，2002；Engel 等，

2008；魏楚，沈满洪，2011）。但这一交易制度在实施过程中也会遇到很多困难。例如，在缺乏政府干预的条件下，行为主体之间可能形成串谋，致使交易机制失灵［马尔尼（Marney），1971；瓦里安（Varian），1994］。

在20世纪80年代以前，包括发达国家在内的大部分国家和地区采用的主要是发放许可证、颁布环境标准和禁令等命令—管控型制度工具（肖璐，2007）。哈恩和斯塔文斯（Hahn & Stavins，1991）认为，这一政策工具的选择逻辑是政府作为公共资源的拥有者和管理者，它应决定污染者遵循的排放标准、技术标准等规则。不过，一些经济学家认为命令—管控型制度工具存在许多缺陷，它忽视了成本，迫使每个企业承担相同的污染控制负担，而不考虑企业之间的成本差别（郭朝先，2007）。另外，它过分关注终端控制措施，而挫伤了企业采用预防污染的措施和发明清污技术的积极性，激励机制不够。最后，政府的过度规制，容易导致沉重的财政负担和寻租行为，造成资源浪费。

在20世纪80年代以后，发达国家越来越多地采用基于市场的经济激励工具纠正外部性问题。例如，欧洲国家已越来越多地采用环境税手段，而美国越来越多地采用可交易的许可证制度［摩根斯特（Morgenstern），1995］。从制度体系的发展趋势来看，行政管控型制度在逐渐弱化，而市场激励制度、产业政策干预型制度在逐渐扩展（OECD，2001；张学刚，2009）。不过，由于信息不完全、价值计量困难、不确定性因素、交易主体可能存在的串谋行为等问题的影响，纯粹的市场政策工具也不完美，可能出现市场失灵［瓦里安（Varian），1994等］。

沈满洪、谢慧明、周楠（2013）总结了排污权制度改革的"浙江模式"：一是实施总量控制，通过总量控制，使得排污权成为稀缺资源，促进排污权有偿使用与交易。同时对现有排污单位和新建、改建、扩建项目，在排污权有偿使用和交易上实行差别化的政策，推进现有排污企业通过有偿使用获得排污权，而新建、改建、扩建项目一般通过排污权交易取得排污权。二是以监测技术为基础。三是以体制创新为推力。四是以市场定价为导向。通过政府、市场和社会机制的耦合促进排污权制度不断推广发展。另外，社会资本参与的第三方治理、节能服务公司发展也属于市场激励机制。

三 强制性制度

(一) 强制性制度的定义

节能减排制度的另一类型是强制性制度，也就是通过法律、行政命令来直接控制节能减排。该制度带有行政管制特征，即政府部门通过法律和行政命令直接限制能耗与排污，强制降低能耗、减少排污量，它是政府通过收费或税收的形式进行干预的一种制度形式。植草益（1992）将管制定义为依据一定的规则采取限制特定社会个人和经济主体活动的行为。管制性制度是政府针对市场失灵而设置的干预环境经济的一种方式，其功能是针对进入壁垒、外部性和内在性而起作用。国家制定、颁布并实施一系列的法律法规，规定污染者遵守限排目标、排放标准和技术标准，建立起生态环境破坏者因造成环境损害而接受相应惩罚的法律责任制度（Perman，2002）。通过权利的实施或义务的履行解决部分生态问题和环境矛盾（Tietenberg，2008）。同时，政府倾向于设定统一标准限制企业污染行为的发生，一视同仁对待所有利益主体，是一种公正的制度体现。然而，威廉森（Williamson，1981）指出，交易成本的存在决定了管制性制度的决策和实施成本是非常昂贵的，往往会带来经济上的无效率。因此，政府的过度规制，容易导致沉重的财政负担和寻租行为，造成资源浪费。

已有的研究对于管制性制度的实施效果评价意见不一。Jorgenson（1990）、Lanoie（2008）等认为管制性制度的实施导致生产率和利润率的下降，给产业绩效带来不利影响。颉茂华（2014）研究了环境规制、技术创新与企业经营绩效，环境规制制度导致企业大幅增加污染治理投入，对企业的经营绩效产生不利影响。徐文英（2014）认为，政府部门公布的节能减排标准相当严厉，由于新标准的执行，浙江、江苏、广东等地区的许多印染企业和羊毛洗毛企业关停或迁移。

例如，2010年江苏省关停72家印染企业，数量占全国三分之一。为了完成2010年度淘汰落后产能任务，江苏省政府将列入国家和省级淘汰计划（工信部下达落后产能淘汰任务）的142家企业的落后产能全部关停。格尼茨和鲁斯蒂奇尼（Gneezy & Rustichini，2000）的研究显示，环境税与治理绩效呈现"W"形，只有对企业的奖励或处罚足够时，环境质量才能得到明显提升。而中等环境税则由于潜在的挤出效应，而可能无法有效诱导企业大幅减少污染排放，这一后果是比实施较低的环境税更不利于环境保护。一些研究还发现，工业企业可能由于使用廉价生产设备或是延迟生产设备的更新而获得成本优势，进而通过低价竞争扩张销售和市场份额。企业在保持生产成本优势与使用低碳、低污染设备或工艺之间做出权衡。节能减排政策对企业的环保努力的影响并不具备"单调的线性关系"。张成等（2011）利用1998—2007年中国30个省份的工业部门进行了检验，发现环境规制强度和企业生产技术进步之间呈现"U"形关系。而张艳磊等（2015）的研究发现，部分污染企业中间存在"以污染换增长"的现象，且这些企业通过缴纳排污费来逃避其保护生态环境的责任。挤出效应的存在有着重要影响，它改变了人们对以新古典经济学标准模型为基础设计环境保护政策的看法，从更全面、深层次视角考察环境政策。

政府的节能减排政策需要做进一步优化设计，才能促进低碳绿色发展。李红杰等（2011）认为，我国现有的纺织化纤节能减排标准体系（包括有色纤维系列标准、阳离子染料改性涤纶系列标准、再生涤纶纤维系列标准等）较为完善，对纺织产业中主要纺织产品的资源消耗及综合利用标准做了明确规定，起到了促进产业持续健康发展、引导产品消费的重要作用。这些被淘汰的企业，有的生产工艺装备未达到现行国家相关行业标准（孙彬，2010）。在工信部公布的《印染行业准入条件（2008年）》（在2010年、2017年修订）中，对生产工艺与装备做了明确要求，规范印染项目准入。为了贯彻落实《中华人民共和国节约能源法》《国务院关于加强节能工作的决定》和《国务院关于印发节能减排综合性工作方案的通知》，2008年国家发改委发布的《国家重点推广的低碳技术目录》中（以后多次更新），公布了纺织等9个行业的共50项高效节能技术，包括适用范围、技术条件等。公布目录在于引导企业采用先进的节能新工艺、新技术和新设备，大幅度提高能源利用效率。2016年国务院又发布《关于印发"十三五"节能减排综合工作方案的通知》（国发〔2016〕74号），进一步要求强化节能环保标准约束，严格行业规范、准入管理和节能审查，让环保、能耗、安全等不达标的企业依法依规有序退出市场[①]。新的节能减排标准对许多纺织企业来说，是一个巨大的挑战。

沈满洪（2016）指出，别无选择的强制性制度就是：严格的耕地保护制度、严格的水资源管理制度、严格的水总量控制制度、严格的能源管理制度、严格的环境保护制度（控制废弃物排放的总量）、严格的温室气体控制制度、严格的产业准入制度等。

（二）强制性制度的种类

早在1992年我国就发布并实行了《纺织染整工业水污染物排放标准》，严格控制纺织印染工业废水的排放。2012年，环保部针对该标准做出了进一步更为严格的修订。2013年，环保部颁发《印染企业环境守法导则》，包括各种法规、标准和部门性规章，对纺织印染企业从立项建设到日常管理全过程进行引导，规范印染企业环境管理和污染防治水平。2010年工信部修订《印染行业准入条件》，2011年国家发改委发布《产业结构调整指导目录》，对印染行业的准入条件做出明确要求。2012年，环保部和国家质检总局联合发布修订版的《纺织染整工业水污染物排放标准》（GB 4287—2012）。2015年，又结合纺织园区实际情况和水污染物间接排放控制的调整需求，发布了《纺织染整工业水污染物排放标准》（GB 4287—2012）的修改版（环保部2015年第19号）[②]。2015年实施的新版《中华人民共和国环境保护法》规定，对环境违法行为按日计罚，采取查封扣押、限制生

---

① http://www.gov.cn/zhengce/content/2017-01/05/content_ 5156789.html

② https://baijiahao.baidu.com/s?id=1645742228244561998&wfr=spider&for=pc

产、行政拘留等措施。新《环保法》还首次将环境质量与政府干部的考评机制挂钩，强化政府责任和管理。这一系列法案规章实施后，陆续有多家不达标企业被停产整治或限制生产。2016年12月，环保部发布《关于实施工业污染源全面达标排放计划的通知》（环监〔2016〕172号），明确钢铁、火电、水泥、煤炭、造纸、印染、污水处理厂、垃圾焚烧厂等8个行业在2020年底之前达标相应的污染排放计划要求[1]。在我国部分地区，例如河北省进一步建立能源消费总量和单位地区生产总值能耗双重控制，建立节能目标责任制和节能考核评价制度，作为对设区的市、县（市、区）人民政府及其负责人年度考核评价的内容。

（三）强制性制度的效应

张学刚（2009）认为，政府行政管控制度暴露出很多局限性。例如，为了有效地控制各种类型的污染源排放，政府必须了解数以千计的产生污染的产品和活动的控制信息。所需的信息量巨大，且耗费很高。另外，数量控制往往缺乏灵活性和应变性，政策的制定往往是"一刀切"，以牺牲效率换取公平，最后，还缺乏相应的刺激企业自觉控制污染的动力，加大了治理成本。吴绩新、王瑾（2011）将纺织产业节能减排的推动机制分为三类：激励性规制、约束性规制和保障性规制。吴绩新、王瑾（2014）认为，在污染治理中，政府规制政策实施必须具备完全信息、无制度缺陷、不被规制者俘获以及能够动态调整。例如，政府要掌握纺织印染企业污水排放的实际情况，设置专门的机构对纺织印染企业取水、排水情况进行监督，建立管理和数据统计系统，以便制定有效的规制手段。

从制度发展方向来看，行政—管控型制度在逐渐弱化，而市场激励制度、自愿型制度在逐渐扩展（张学刚，2009）。不过，近些年来我国环境保护与污水治理开始大量使用市场调节手段，但是政府管控

---

[1] 污染物排放标准在环境管理制度中的法律依据最为坚实，也是最基础、最科学的制度。全面达标排放是指工业污染源排放污染物达到国家或地方污染物排放标准（地方污染物排放标准严于国家污染物排放标准的，执行地方标准）。已核发排污许可证的企业，应达到排污许可证所载明的排放要求。

手段仍部分保留。因为环保治理仍存在市场失灵,特别是在污染治理短期阶段,需要政府行使一定的宏观经济管理职能,通过规制以矫正和改善市场机制内在的问题。那么,无论基于理论或现实角度,政府管控都是必要的。现有大量研究关注的是如何使政府管控既不干预市场机制的有效运行,又避免管控失灵。

第三节 纺织产业节能减排制度的绩效评价

一 评价的原则

制度评价一般包括以下四个原则:

(一) 效率原则

制度经济学理论提出制度评价的第一个原则就是效率原则。由于制度能显著降低交易成本,从而改进经济效率。因此,即便在政府明晰产权的前提下,没有政府介入,通过制度以降低交易成本,实现消除污染的目标也是能够达到的(杨艳,2014)。科斯定理的现实意义在于通过制度降低交易成本,实现资源优化配置。而自"波特假说"提出以来,适当的环境规制就被认为能够激励企业技术创新进而提升企业的经济绩效与环境绩效[雅费等(Jaffe et al.),1997;黄德春等,2006]。彭纪生等(2008)以技术创新政策为案例,研究发现创新政策协同对经济绩效的影响存在显著方向性差异,行政措施是中国创新政策中运用最多、力度最大的措施[宋(Sun),2007;彭纪生等,2007];此外,金融与行政措施的协同能够支持经济扩张,促进总产出的显著上升,而财税措施以及其他经济措施与行政措施的协同,却可能造成总产出的显著下降。朱承亮等(2012,节能减排约束下中国绿色经济绩效研究)指出,仅仅考虑 GDP 等期望产出因素,而忽视 COD、SO_2 排放等的非期望产出的效率测度,将在一定程度上扭曲对我国经济绩效的评价,甚至会造成对政策建议的误导。

例如,如果制度能够促进产业转型升级,能够促进节能减排,那么它就是好制度。波特和范德林德(Porter & Van der Linde,

1995）提出一个著名假说，如果环境政策干预能够引致企业技术创新，不仅能够实现节能减排目的，还能从中获取超过或完全补偿企业投入的环境治理成本，提升企业的生产率和市场竞争力。这一政策就是好政策。费里斯、卡巴乔和马蒂等（Ferris、Garbaccio、Marten & Wolverton，2017）发现，环境规制对美国经济增长和生产率的影响不大。因为环境规制导致的产品价格上涨几乎与企业在污染减排方面的设备投资激励相当，因而不会对宏观经济产生影响。如果前者超过后者，那么宏观经济会受损。从就业来说，排污控制导致的失业恰好被排污控制投资方面创造的就业抵补。

不过，关于政策效率的研究引起了很多争论。例如，关于政策与制度绩效的研究过于模糊，没有将不同政策的影响效应分离出来，使得政策制定者未能辨析出各自的贡献并提出相应的改进建议。再如，现有的关于节能减排制度绩效评价大多采用全要素生产率等分析方法，但是这一方法本身存在很多弊病，例如全要素生产率的测算不尽合理、环保制度变量难以量化，最关键的是一些制度作用机制无法通过计量方程刻画出来。因此，未来的研究有必要改进节能减排制度的评价方法，并深入解析其影响因素，才能更好地为政策制定提供依据。

（二）绿色原则

节能减排制度的绩效评估需要考虑绿色原则，就是在经济核算中充分考虑资源耗减、环境退化的成本。绿色指标核算有助于建立一个动态的综合环境经济数据和信息体系，保证政策制定的科学性。韩晶等（2017）认为，绿色发展是未来中国经济增长的新引擎，环境规制为绿色增长提供了重要的机制与制度保障。众多学者依据历史数据从实证角度证实了环境规制对中国工业绿色发展的显著影响（李玲等，2012；李斌等，2013；张江雪等，2015）。而环境规制通过空间维度的产品结构效应和时间维度的清洁收益效应实现了绿色全要素生产率从"遵循成本"到"创新补偿"的转变。沈满洪（2015）提出，绿色发展的追求目标就是建成环境友好型、资源节约型、气候友好型的"美丽中国"。制度的绿色化决定着科技的绿色化，并决定着经济生态化和生态经济化，因而制度在生态文明建设中具有本源性意义。要以制度创新推动绿色发展。环境经济学家已经为价值评价做了大量工作，提出了评价环境价值的市场价值法、替代市场法、假想市场法等一系列方法（沈满洪，2015）。程永正、陆雍森、蒋大和（2008）认为，绿色GDP核算使人们认识到经济发展造成的资源耗减和环境退化的代价，促进社会经济发展走可持续发展道路。程永正（2009）认为，绿色GDP核算体系将对节能减排实施后的环境和经济效应进行统计和核算。其核算所提供的数据和信息可以比较预期的节能减排目标，并对国家社会经济影响、对地区和行业发展影响进行差异分析，评价节能减排目标和政策制定的合理性，评价政策制定是否存在缺陷。沈满洪（2016）认为，生态文明视角下的政绩考评机制需要经历"三次革命"，政绩考核要建立人民的满意度评价。

（三）公平原则

节能减排制度绩效评估的另一个重要原则就是公平原则，不仅要考虑使用者与未使用者之间的公平，还要考虑地区间的公平以及代际公平。例如，在排污权交易机制中，为了将水资源生态成本内化为企业生产成本，形成了"谁使用谁付费""谁排污谁付费"的资源有偿使用机制，提高了企业的环保意识，这种倒逼压力又进一步促使企业的生产率得到不断改进（胡芸，2017）。曾丽红（2013）强调，环境规制的失灵从根本上来说是制定环境政策的治理结构、绩效评价以及产权安排不完善的结果。环境规制治理结构的双重性、分散性导致了规制执行力的弱化；规制绩效缺乏公民的参与和反馈，加剧了环境规制的失灵；环境、资源的公有产权安排在缺乏民意监管的情况下导致了资源的低效率的利用。因此，治理环境规制的失灵必须增强环境规制机构的公平性、权威性、独立性，建立民主、科学的绩效评价体系，并增强公有产权的竞争性和透明性，由此才能增强环境规制的效力。郑立群（2013）认为，要保证国内碳减排责任分摊的公平性准则，需要考虑碳排放分摊的分配满意度和公平指数。何慧爽、张晓晗（2018）认为，为实现工业与环境公平的适应性发展，政府可实行具有区域适应性的环境政策，建立绿色GDP导向的政绩考核机制，构建利益平衡的生态补偿机制，切实发挥其在环境问题中的指导作用。杨珂嘉（2018）认为，仅根据我国各省以往完成的减排目标情况来设定未来的减排目标，这一制度安排不尽公平、合理。他认为，有效的减排原则：一是要考虑到各省的减排难易程度，即将二氧化碳边际减排成本纳入考核指标中；二是要考虑决策因素及决策者的决策偏好。

不过，节能减排制度设计会遇到效率与公平无法兼顾的问题。例如，在碳排放配额的初始分配中，如果只注重效率分配，那么欠发达地区的发展就会受到破坏，但是又如何公平有效地分配各省之间的初始排放量呢？何建坤、滕飞、刘滨（2009）认为，节能减排制度安排应按照"共同但有区别责任"的原则，以体现公平性。例如，按个体累积排放趋同原则分配和使用碳排放空间。

（四）升级原则

产业升级是检验环境规制制度有效性的一项重要原则。节能减排制度可能促进产业结构的不断调整，具体表现在产品结构发生转变（绿色环保产品逐渐增多）、能源使用结构发生转变、生产结构发生转变（节能工艺与设备使用增多、资源循环利用生产方式增多）等。诺德豪斯、哈克和索洛（Nordhaus, Houthakker & Solow, 1973）很早就建立了一个分部门的能源消费分析框架。廖明球（2011）认为，节能减排目标将促使企业做两个方面的调整：一是技术层面的调整，即通过技术进步实现节能减排；二是运营结构层面的调整，即通过产品结构、生产结构、资源使用结构等的调整实现节能减排，通过限制高耗能、高污染工艺环节或设备的应用，进而鼓励绿色低碳工艺的发展。在宏观层面，节能减排政策实施还将促使行业结构调整，通过分行业考核节能减排，促使低能耗、低污染甚至零排放行业的发展。

兰久和莫迪（Lanjouw & Mody, 1996）的研究显示，美、日、德环境技术发明专利数量与本国污染治理支出呈现出正向关系。而贾弗和帕默（Jaffe & Palmer, 1997）利用1975—1991年美国的R&D支出做了进一步分析，他们发现企业的R&D支出与污染治理成本之间存在显著的正相关关系。这些研究都表明，环境规制能够在一定程度上促进企业加大技术创新。尼杜默鲁、普哈拉和兰加斯瓦米（Nidumolu，Prahalad & Rangaswami，2009）通过对30多家大型企业的研究发现，可持续发展计划提升了企业的创新激励，较高的环保标准促使企业积极需求增长方式转变和技术升级。传统观点认为，较高的环保标准会通过资本与产业转移方式来降低环境成本，但是实际上节能环保约束促使企业通过结构调整和研究开发等方式来适应新的要求，环保约束在企业的运营方式转变方面起了催化作用。那些环境友好型的企业能够在坚持可持续发展战略的同时进一步降低生产成本和增加收益，并塑造长期发展的竞争优势。薛伟贤、刘静（2010）比较了命令—控制型环境规制工具和市场化环境规制工具，结果发现，前者相比较后者在节约成本方面具有较多的优越性，但却缺乏技术进步激励，而市场化工具却能够促使企业进行技术创新。中国的环境规制水平无论从效果角度还是从效率角度来看都不是很高，且省域间的差距较大，有待进一步提高。

二 评价的视角

（一）制度强度视角

不同的制度强度可能导致不一样的环境管理绩效。例如，格尼茨和鲁斯蒂奇尼（2000）的研究显示，环境税与治理绩效呈现"W"形，只有对企业的奖励或处罚足够时，环境质量才能得到明显提升。而中等环境税则有可能产生挤出效应，不能有效地诱导企业大量减少污染排放，其结果是比实施较低的环境税更不利于环境保护。挤出效应的存在有重要影响，它可能改变人们对以新古典经济学标准模型为基础设计的环境保护政策的看法，从更全面、深层次视角考察环境政策。

还有研究发现，节能减排政策对企业的环保努力的影响并不具备"单调的线性关系"。例如，张艳磊、秦芳、吴昱（2015）的研究就发现：在被征收排污费工业企业中，被征收排污费较多的工业企业反倒具有更高的销售增长率，表明在部分污染企业中存在"以污染换增长"的现象，这些企业通过缴纳排污费来逃避其保护生态环境的责任,以污染环境为代价来换取企业的销售增长。工业企业通过延迟更新生产设备或保持使用廉价生产设备而获得一定的成本优势,进而通过低价竞争扩张销售和市场份额。企业的生产成本优势与高污染设备或工艺紧密联系,因而,企业在面临环境政策时,它实际在两者间做出权衡。政府的节能减排政策需要做进一步优化和设计,更好地促进低碳发展。

(二) 细分行业视角

纺织产业的污染物排放主要是生产过程中的废水、废气（VOCs,挥发性有机气体）和固体废弃物等。纺织产业的能源消费主要集中在煤、电的消耗。奚旦立、陈季华、徐淑华（2009）研究显示,印染行业约占全行业能耗的 58.7%,而印染厂的水、电、汽消耗占印染总成本的 40%—60%,因此印染业是纺织行业节能减排的重点。王满华、李戎、林琳（2015）的研究显示,纺织行业是高碳产业,全球每年生产 600 亿公斤织物,消耗 1 万亿度电,9 万亿升水。我国纺织行业全过程能耗大约为 4.84 吨标煤/吨纤维,相当于 10.99 吨二氧化碳/吨纤维。在我国实施环境规制政策以后,从 2001 年到 2010 年,我国纺织产业的内部能源消耗结构也发生了明显的改变,纺织产业能耗占比由 57.3% 增至 74.2%;纺织服装、鞋、帽制造业占比由 6.6% 增至 9.1%;化学纤维制造业占比由 36.1% 降至 16.7%。2010 年,我国纺织产业能源消耗 4940.98 万吨标煤（当量值）,分别占全国工业能耗和制造业能耗的 3.2% 和 3.6%（陈刚,2013）。总体来看,2001—2010 年间,纺织企业有效地降低了能源使用,使得纺织产业能源消耗总量有了显著下降。

(三) 政策组合视角

在发达国家,面对污染问题,可以通过法律解决它们。但是在许多发展中国家,法规执行本身面临很多问题。有许多案例说明,缺乏环境合规性使得城市和农村的污染问题越来越严重［达斯古普塔（Dasgupta）,1997;帕尔加（Pargal）,1997;达斯古普塔、赫特吉和威勒（Hettige and Wheeler）,2000;卡纳和安东（Khanna and Anton）,2002］。尽管许多发展中国家都制定了纺织产业生产的国家环境质量标准（NEQS），但是污染问题依然严重。萨马德、古尔扎和艾哈迈德（Samad，Gulzar，Ahmed，2015）调查了60家企业，研究了环境规制对巴基斯坦纺织产业的影响，他们总结了9种类型的环境管理措施，其中12%的企业采用了所有的9种措施，50%的企业采用了5种以上的措施，而87%的企业采用了2种以上的措施。最广泛采用的措施就是评估化学有害物质。他们指出，监测与罚款制度的缺乏是环境规制的障碍。同时来自国际客户的压力（非规制压力）也产生影响，但是当地社会、媒体的影响微弱。另外，他们还发现，大企业相对于中、小企业更倾向于采用环境管理措施。张其仔、郭朝先（2007）认为，2007年的《节能减排综合性工作方案》可能是一个较高成本的治理方案。他们提出，应该借鉴2005年英国发布的"保证未来安全"的报告中提出的新战略，即除了包括经济激励，如税收、收费、罚款等措施外，还应包括诸如教育、培训、提供基础条件、提供信息、提高能力等促动（Enable）措施；提供社区活动、共同生产、个人接触、网络利用等参与措施；提供示范，如政府带头等。这些措施有助于改变个人与企业的行为，形成新的行为模式，有助于克服环境管制造成的制度挤出效应。

另外，一些学者指出，配套政策不足是影响实际绩效的原因之一。闫睿敏（2017）认为，在实际运营中企业的资金不足就是影响节能减排的重要障碍之一。纺织行业在践行绿色制造时，成本是摆在众多纺企特别是中小企业面前的一大难题。纺织服装行业90%以上的企业都是中小企业，因此，资金和技术是制约这部分企业实施节能减排的最为关键影响因素。而相应的解决对策与制度研究很少。还有一个不足，就是缺失对节能减排制度的挤出效应研究。正如一些学者所言，节能减排政策的效果并不乐观，部分原因来自制度的"挤出效应"，一些纺织企业一直在低成本生产与达到政府的排污标准之间徘徊。现实的情况也说明了这一点。例如，2015年在印染行业相对集中的广东、杭州萧山、浙江绍兴等地，又开展了新一轮的环保整治行动。在杭州萧山地区，截至2014年12月底，该地区共投入25亿多元，关停印染企业13家，整治提升50家；关停化工企业22家，整治提升65家。根据萧山区环保局的调查,保留的50家印染企业已投入整治资金13亿元,引进先进气流染色设备,淘汰落后染色设备615台,淘汰重污染工序14个①。

三 评价的结论

(一) 有效性研究

已有大量研究做过了我国节能减排政策与制度的有效性检验,开展绩效的实证评价(例如:林伯强、姚昕和刘希颖,2010;林伯强和孙传旺,2011)。主要的观点有两个方面:一部分研究认为当前我国的节能减排制度起到了很好的改善环境、促进高质量发展的效果。但另外有一部分研究不支持这一结论,节能减排政策与制度需要做调整完善。例如,张国兴和高秀林(2014)对我国1998—2012年间的节能减排政策,在对各节能减排政策措施进行梳理的基础上对各政策措施进行了量化处理,分析发现:我国政府逐渐加大了各种政策措施来推动节能减排,但不同政策措施的使用程度明显不同,并且不同政策措施对节能减排效果的影响也存在显著的差异。王兵和刘光天(2015)的研究发现:我国1999—2012年间,绿色全要素生产率平均增长1.33%,其中节能减排绩效为1.2%,贡献度高达90.23%。SO_2减排绩效优于COD减排绩效。节能减排可以进一步通过强化节能减排技术与管制,挖掘节能和COD减排潜力,实施区域差异化的节能减排政策进一步促进中国绿色全要素生产率增长,推动绿色经济发展。

林伯强、姚昕和刘希颖(2010)从供给和需求双侧管理来考虑满足能源需求问题,结果发现,政府的可再生能源规划可促进二氧化碳减排,但二氧化碳排放约束改变能源结构导致的能源成本增加,对宏观经济有消极影响;现阶段中国通过改变能源结构减排的空间不大,应该重视其他方面的节能减排努力。陈诗一(2010)的研究显示,节能减排行为在初期会造成企业较大的潜在生产损失,但长期来看,

---

① http://zjnews.zjol.com.cn/system/2015/01/29/020487378.shtml

潜在生产损失将会逐步下降，最终会低于潜在产出增长。到2049年，节能减排能够同时提高中国工业产出和生产率。不过，韩超和胡浩然（2015）的研究发现，政府在短期内集中实施清洁生产标准规制的同时，不得不考虑其对产业发展的综合影响以及该影响的动态边际变化。在动态环境中，要设计良好的环境规制措施有些困难。

魏楚、黄磊和沈满洪（2015）基于中国省级工业部门1990—2011年间的数据对波特假说进行了验证，结果发现：对于中国的工业部门而言，污染减排费用支出能够诱导更多的研发活动，而污染减排的资本性支出对研发影响则不显著；此外，环境管制带来的增量研发对经营绩效和环境绩效均不存在显著性影响，而工业部门内部的日常性研发则能显著改善经营绩效和环境绩效。最后，工业部门的污染控制资本性投资会显著改善劳动生产率以及环境绩效，污染减排费用及日常支出则与劳动生产率显著正相关。这一结果支持了通过外部环境管制来促进研发，进而提升绩效的政策并没有取得预期的效果。他们认为政策制定者可能需要借助灵活的市场手段或激励企业双赢意识。

（二）条件有效研究

斯特纳（Sterner，2003）在其《环境与自然资源管理的政策工具》一书中将影响环境政策效率的视角归纳为：不确定性、信息不完全、市场条件、政策执行成本以及政策特质视角本身。有些视角属于外在条件，可以通过制度改进避免或减少它们的负面影响。但有一些因素来自制度设计本身，其激励因素、执行成本（或交易成本）以及制度本身的执行力会影响节能减排效力。张成、陆旸、郭路和于同申（2011）比较分析了政府环境规制的创新补偿效应与企业的遵循成本变化，利用1998—2007年中国30个省份的工业部门进行了检验，发现环境规制强度和企业生产技术进步之间呈现"U"形关系，随着环境规制强度的增加，企业的生产技术进步率逐步提高。江珂、卢现祥（2011）得到相类似的结论。政府环境规制对经济产业绩效的影响效应，关键是取决于企业的创新补偿效应能否弥补环境规制的成本。陈德敏、张瑞（2012）以全国29个省级单位2000—2010年面板数据为样本测算并对比两种情形下我国全要素能源效率值,研究发现:环境规制相关变量对全要素能源效率影响存在较大差异,根据其回归系数和显著性分为四类(需要加大投入的指标、需要区域差异化的指标、需要完善和优化的指标以及需要审慎选择的指标)。环境科技投入、环境信访监督、环境工业治理投资对改善全要素能源效率意义重大;排污许可证、环境执法强度、排污费收入表现出较大的地区差距;而环保机构人数、"三同时"执行环保投资和建设项目限期治理投资等指标的统计显著性较低。

Yuan, Kang, Yu & Hu(2011)以及 Zhang & Wang(2013)等分析了影响我国节能减排政策绩效的一些因素。Zhang & Wang(2013)认为,法制体系与管理问题是主要障碍。另外,缺乏金融激励、市场机制错配也是影响节能减排绩效的因素。Zhang, Jin, Yang & Zhang(2013)在评估我国节能减排政策效果后,他们认为法律、税收政策、信贷政策、政府补贴、媒体监督和市场指令措施对2006—2010年间84家上市公司产生效应,结果显示税收、政府补贴、信贷正常和媒体监督对公司的节能减排有正效应,而法律管制与市场化指令措施的绩效影响很少。Fujii, Managi & Kaneko(2013a, 2013b)对1998—2009年主要的10—15个工业行业的研究显示,2003年的《排污费征收使用管理条例》实施后,二氧化硫排放、烟尘排放、污水排放(COD)等都有显著下降。他们还分析了末端治理技术(end-of-pipe treatment)对节能减排绩效的影响效应,它在一定程度上减缓了生产活动对中国环境污染和破坏的趋势。他们进一步强调,要提高节能减排绩效,针对不同的行业应该采用不同的政策措施。

总体而言,基于单一制度视角评价纺织产业节能减排制度的绩效,实施单一政策可能存在缺陷,只有同时使用多种政策工具,才能实现节能减排目标。张国兴和高秀林(2014)认为,我国的行政措施和引导措施不能有效地推动节能减排的原因之一是这两种政策措施本身还不够完善。张国兴等(2014)收集了我国1978—2013年间的节能减排政策,基于政策力度、政策措施和政策目标三方面量化研究，发现：改革开放以来，我国政府颁布的节能减排政策数量越来越多，政策总效力越来越大。不过，他们也发现，由于众多政策的制定缺乏一定的战略和系统性，使得政策的平均力度不但没有增加反而逐渐降低。柏方云等（2015）强调，政策体系之间的内部冲突也会降低节能减排效力。中央政府和地方政府在节能减排过程中的博弈日渐加剧，降低了政策效果。当地方政府面临的节能减排压力远远超出其实际治理能力时，地方政府会为了自身利益采取各种替换和抵制等政策行为，地方政府减排的内生动力不足。他们认为，要使地方政府积极完成减排指标，需要建立市场机制和目标责任制相结合的制度系统。另外，产业链之间的协作节能减排发展不够，没有形成有效的调节机制，也会降低纺织行业的节能减排效力。数据显示我国印染加工中，在染整加工之前处理耗能、耗水和污染物生成的污染量占全部污染量的60%以上。胡鞍钢等（2015）依据行业间投入产出关系，计算中国高耗能行业的真实全要素生产率，并考虑了能源消耗、矿产消耗以及二氧化碳排放等因素，研究结果显示，上游行业在生产环节为下游行业的产出环节补贴了真实全要素生产率。他们强调，节能减排治理应从"谁排放，谁负责"的生产导向政策，转向行业间共同而有区别责任的综合产业链政策。未来时期我国的节能减排政策应该增加多种措施的协同使用，特别是加大金融措施和其他经济措施的使用，适当减少行政措施的使用。

基于组合型制度视角评价纺织产业节能减排制度的绩效，精细化组合政策应用已经成为节能减排制度改进的方向。原因有二：一是纺织产业是多技术、高投入的行业，具有很高的管理要求和难度。二是不同政策的效力不一样，每一种政策自身存在一些缺陷。未来研究需要考虑设计一套精细化的政策体系，形成政策组合，取长补短，实现多个政策目标。首先，需要研究政策组合体系的范围，应同时包括激励制度与约束制度。其次，还应研究监督体系，让政府行政手段和市场交易手段更好地运行。再次，要研究政策体系的协同性与一致性，促进政府措施、市场手段以及社会机制（企业绿色环保形象、环保责任意识）的耦合。还要注意中央政府、地方政府、企业与社会大众四者的利益融合，实现政府节能减排政策目标与企业的经济利益、社会大众的福利相一致。最后，还要研究政策的精细度，包括节能标准、排污控制浓度、违规惩罚成本、补贴数量等具体细化指标，实现科学引导。

基于企业节能减排视角评价纺织产业节能减排制度的绩效，推进企业的节能减排应有两方面机制：一是约束机制，二是激励机制。两方面机制相辅相成、两者呈现互补作用。王俊豪等（2009）区分了"防御型"企业和"主动型"企业在采用绿色工艺创新和产品创新方面的差异，他们认为，我国对企业污染排放乃至超标和违规排放的惩罚过低，无法形成对防御型企业的震慑，致使节能减排治理低效。余泳泽（2011）认为，我国工业的节能减排激励机制相对不足，并且约束机制由于缺乏有效的监管，致使企业在实施节能减排投资过程中存在一定的"面子工程"，效力也有所折扣。过度依赖政府管制措施的最大问题是，企业缺乏节能减排内生动力，自我创新驱动不足。很多企业是被动节能、被动减排，这种方式会产生很多问题：一是节能减排效率低，存在政企博弈，耗费额外一些资源；二是很容易产生企业虚报、政企合谋问题，特别是在制度不完善、存在漏洞时，这些问题很容易爆发。例如，2013年6月，在国家审计署公布的2011年、2012年中央财政对18个省市的节能减排补贴中，有348个项目单位挤占挪用、虚报冒领资金16.17亿元，包括格力集团、TCL空调、格兰仕等。可见，在我国节能减排补贴工作中存在不少造假、违规、监督不力等问题。张国兴等（2014）认为，企业造假、违规行为与其低违规成本有关。政策制定应该寻求补贴收益与违规成本的最优边界以及政策自身的平衡性，保障补贴政策高效运行。他们建议，一方面考虑补贴数量、违规成本等因素，在政策自身奖惩的平衡性上着力，杜绝内部漏洞的出现。在奖惩、权利义务等方面做出科学安排。另一方面可通过政府监管和第三方机构监管来有效制衡企业的造假行为，严格的监管也能避免基层政府或人员与企业合谋现象的出现。

基于制度创新视角评价纺织产业节能减排制度的绩效，认为虽然交易性制度在促进节能减排上的效率较高，但是它在实际运行过程中也碰到很多问题，需要不断进行制度改革与创新。2015年底，环保部曾对11个开展排污权交易试点的省市展开调研，结果发现，试点工作在取得一定进展的同时，也存在初始排污权分配和出让定价方法差异大、部分企业积极性不足等多个问题。谢慧明等（2014）也指出，排污权制度改革面临着市场机制失灵和社会机制失灵的困境。他们通过案例分析和机制分析发现，市场失灵主要表现为排污权市场有价无市、排污权供给不足、排污权交易费用过高等；社会机制失灵主要是指社会组织和个人参与机制的缺失以及社会监督缺乏相应的信息披露等。他们认为，监管机制的缺失是排污权制度失灵的重要原因，不同的机制失灵问题需要有不同的监管机制与之相匹配。市场机制失灵要求加强网上交易监管、环境金融监管和环境财政监管等，社会机制失灵则要求加强环境统计监管等。沈满洪等（2013）总结了排污权制度改革的"浙江模式"，其主要特征：一是实施总量控制，通过总量控制，使得排污权成为稀缺资源，促进排污权有偿使用与交易；二是监测技术为基础；三是体制创新为推力；四是以市场定价为导向。排污权交易制度要真正有效运作，要明确政府的职责和边界，把握好参与，一方面离不开从国家到各省市的制度保障、统一监管，另一方面要妥善处理政府和企业、一级和二级市场之间的关系，引导企业自主选择，参与交易。

对于我国节能减排政策与制度的有效性的评价，已有研究的主要观点分为两类：一部分认为节能减排制度起到了很好的改善环境、促进转型发展的效果。例如，王兵等（2015）发现：1999—2012年间中国绿色全要素生产率平均增长1.33%，其中节能减排政策绩效为1.2%，贡献度高达90.23%。SO_2减排绩效优于COD减排绩效。实施区域差异化的节能减排政策强化了节能减排技术发展、挖掘节能和COD减排潜力，促进了中国绿色全要素生产率增长。薛伟贤等（2010）比较了指令控制型制度工具和市场化交易制度工具的有效性。他们认为，前者相比较后者在节约成本方面具有较多的优越性，但却缺乏技术进步激励，而市场化工具却能够促使企业进行技术创新。Zhang等（2013）利用2006—2010年间84家上市公司的数据评估了我国节能减排政策效果，结果显示税收、政府补贴、信贷正常和媒体监督对公司的节能减排有正效应，而法律管制与市场化指令措施的绩效影响很少。

另外林伯强等（2010）、张国兴等（2014）等认为，只有部分政策发挥了节能减排效果。例如，林伯强等（2010）从供给和需求双侧管理来考虑满足能源需求问题。他们发现，政府的可再生能源规划能够促进二氧化碳减排，但二氧化碳排放约束改变能源结构导致能源成本增加，并对宏观经济有消极影响。现阶段中国通过改变能源结构减排的空间不大，应该重视其他方面的节能减排努力。张国兴等（2014）基于我国1998—2012年间的节能减排政策，发现我国政府在逐渐加大政策推动节能减排力度的过程中，不同措施的使用程度明显不同，节能减排效果也存在显著差异。韩超等（2015）的研究发现，政府在短期内集中实施清洁生产标准规制的同时，不得不考虑其对产业发展的综合影响以及该影响的动态边际变化。在动态环境中，要设计良好的环境规制措施有些困难。魏楚等（2015）认为，总体上污染减排费用支出能够诱导工业企业更多地进行研发活动，而污染减排资本性支出对研发的影响则不显著；此外，环境管制带来的增量研发对经营绩效和环境绩效均不存在显著性影响，而工业部门内部的日常性研发则能显著改善经营绩效和环境绩效。在此基础上他们提出，政策制定者可能需要借助灵活的市场手段或激发企业的双赢意识来推行污染减排。

第四节　研究评述与展望

尽管已有很多关于节能减排制度的研究，但现有研究仍存在很多不足，诸多问题需要解决。

一　从单一环节到全产业链制度安排与绩效的研究

现有研究的一个不足就是忽略了产业生产价值链的关联性，较多集中于讨论单一生产环节的节能减排问题，缺乏整体解决方案。现有制度安排对于产业链上下游企业之间衔接、行业间协同耦合、工业与社会生态链等系统节能减排重视不够，大大制约了系统层面节能减排潜力的释放。另外，如果节能减排制度安排缺少全产业链视角，还容易导致以下问题：

一是节能减排的权责利划分不清晰，引起节能减排在不同生产环节的错配现象。例如，节能减排制度安排研究未考虑行业间的投入—产出关系，无法准确计算每一生产环节及其相应企业的真实能源消耗、二氧化碳排放及污水排放等，这样的制度安排很容易导致上下游行业的节能减排责任划分不清，并导致资源使用或排放付费扭曲。例如，可能存在上游行业补贴了下游行业的情况，扭曲弱化了相应激励。因此，未来的节能减排治理研究应从"谁排放，谁负责"的生产导向政策，转向行业间共同而有区别责任的综合产业链政策，形成一个统一、全盘考虑的制度安排。

二是如果制度安排缺乏全产业链视角，会导致企业的公平度缺失，节能减排激励弱化。先前研究表明，当产业的零售商、供应商对节能减排制度安排的公平满意度较高，那么节能减排制度能够有效地提升减排水平和供应链整体利润。相反，如果零售商、供应商对公平偏好的感知较弱，那么节能减排的激励会非常弱。另外，零售商也会对供应商的减排决策产生影响。因此节能减排制度研究要从全产业链视角对零售商、供应商的差异及相互作用展开研究，通过改进企业之间的激励与约束条件来促进零售商与供应商的节能减排决策的相互作用，从产业链的被动减排转向自主减排。

三是现有很多研究聚焦于节能减排的产业末端治理，而忽略了产业中、前段治理机制研究。尽管末端治理是环境管理发展过程的重要阶段，有利于减缓生产活动对环境污染和破坏趋势，但它实质是一种被动的治理方式，存在一定局限性。例如，处理污染的设施投资大、运行费用高，使企业生产成本上升，经济效益下降等；另外，末端治理往往并非彻底治理，仍会存在污染物、废渣、废水。因此，要根本解决节能环保问题，就需要从末端治理转向中、前端（绿色设计、绿色制造、回收再利用等）治理。未来的研究不仅要关注纺织产业的绿色制造，也要关注纺织产业的绿色设计、绿色材料供应及能源使用低碳化研究。同时，还要增加对绿色设计、绿色材料供应与绿色制造设备开发等环节的政策扶持研究，包括创新补贴、风险投入激励、融资支持等政策的研究。

四是缺乏相应的地区产业布局与节能减排协调研究。从理论上而言，如果产业集聚发展，不仅易于节能减排管理，还能够提高节能减排绩效。但是由于我国许多地方政府为了提升当地经济发展和政府官员政绩，在引资和产业园区发展方面各自为政，导致产业分散、重复性招商引资，甚至有的地区以牺牲当地环境，或明或暗地降低环保标准而引资。这种不当的发展模式很容易导致节能减排倒退或者停滞不前。因此，有必要开展产业空间布局与节能减排协调关联研究，特别是关于产业规划与节能减排的结合研究，在集聚中引导环境资源的集约利用，最大限度提升资源使用效率，降低排污处理成本。未来还需要重点研究产业空间布局与绿色发展的结合，从供电、供水、供气、排水、排污、商业服务、物流服务等配套建设来提升节能减排效率，指导整个产业协调发展。

二 从自愿型到强制型政策演化研究

当前对于节能减排制度研究的一大不足是缺乏制度演化视角研究，使得制度研究与历史、现实、国情、地情脱节，难以形成有效的实践指导。如前所述，制度演化研究之所以重要有几个原因：一是制度设计安排必须考虑我国的经济发展历程。即使是在全球减排方案设计中，必须考虑到发展中国家与发达国家间的差异。我国是一个发展中国家，在发展初期，工业化经济水平相对弱，能源消耗、污染相对小，那一时期对节能减排制度的重视也不够，基本是国家单一政策，企业自愿、自主执行，在监督、惩罚机制方面也是存在很多不足。随着经济发展，环境问题才得到足够重视，制度安排本身也在演进，但是不够成熟。节能减排制度究竟如何发展？它将很大程度取决于国家、地方政府、企业、市场、消费者对环保的意识以及对经济发展与节能减排之间的多方权衡，也取决于我国相关产业、企业的技术发展等，这些都要求从演化视角研究制度。二是博弈越来越多地融于制度设计中，特别是主观博弈。在经济发展的早期阶段，制度安排，特别是非正式制度形成更多由外部自然环境及学习决定，逐渐演变成惯例。但是在经济发展的后期，政府、企业、消费者、环保人士的主动参与成了制度演化的重要推动力，最终的制度形成于多方利益的权衡。例如，地方政府会考虑到当地产业的特性、对地区经济发展的重要性来动态地设计节能减排制度。因此，一些制度都带有"人为设计"与选择的痕迹。另外，企业在执行过程中也会依据自身特点、利益而选择性地考虑不同方案，这可能导致执行效率多变，即使是同一政策或制度，在不同地区、不同企业有不同的效果。因此，制度研究必须考虑到异质性个体的主观博弈对制度安排及执行的影响，更有针对性地设计相应的政策。三是要考虑到机会主义、相互学习、示范效应、共同知识或信念等对政策与制度绩效的影响。现代制度经济学越来越强调相互学习、共同信念等对制度形成及效力的作用。当越来越多的企业能够学习和认识到环保和转变经营方式的重要性，它们就会主动适应制度安排，进而交易成本减小、制度效率将提升。

因此，基于以上的研究，未来研究在以下几方面还需强化：一是要加强对多类型制度的演化研究，考虑如何设计一套精细化的政策体系，取长补短，形成一套政策组合，实现多个政策目标。首先，不同的政策，其实施主体、功能、效率与限制条件不一样，例如命令—控制政策（相对严格，具有全局性影响，适合宏观把控）、市场交易型制度（相对灵活，自主性强，适合微观激励），需要对不同政策的功能与特点展开研究。其次，单一政策很难达到理想效果，因此要重视政策组合研究。它又具体包括：研究如何完善政府行政手段，让它在节能减排标准确立、减排监督体系构建等方面发挥重要作用；研究如何完善节能减排的市场化机制，让其通过市场交易手段减少节能减排成本，激励企业增进绿色生产。最后，研究政策体系的协同性与一致性，即如何促进政府、企业、市场和社会机制耦合的形成，即"胡萝卜政策""大棒政策"和引导性制度（它又与企业的绿色环保形象认识、环保责任意识、发展阶段等相关）的结合，同时实现企业自身利益目标与社会福利目标；还要研究地方政府激励目标与企业激励目标的一致与相容，如何实现双赢。

例如，对发展中经济体而言，其制度主体多是政府，依靠严格法令来实现控制目标，制度主体单一，缺乏灵活性，"一刀切"。但是在成熟经济体，即发达国家，政府作为制度主体的程度相对弱化，相反市场机制、社会团体、企业标准、国际商品标准等发挥的作用越来越大，企业践行节能减排的主动性也在增强。这一动态变化可能源于市场环境的变化，也源于企业主体自身的变化，以及企业与政府、社会团体的互动。因此，从演化视角来研究节能减排制度，更能使其与历史、国情、地情以及行业、企业个体特性相吻合，制度设计也会更有效。现有的研究忽视了这种演化视角，使得对于不同制度类型的认识过于单一，甚至存在偏误。例如，不少学者认为只要引入市场机制就能解决一切问题。但是实际运行中，很多地方存在"市场失灵"，其主要表现为排污权缺失、排污权市场有价无市等。如果不能深入考察，就不能发现其中的问题或缺失的环节（包括监管机制等）。

一是要加强对节能减排的不同利益主体的激励与约束机制的研究。激励机制与约束机制互为补充，相辅相成。我国一些地区的节能减排制度运行存在一定折扣，很多企业将节能减排投资视为"面子工程"，未真正形成激励。另外，再加上缺乏有效的监督和约束机制，投机主义行为时有发生，节能减排治理并不能取得预期的效果。这其中的原因主要就是激烈约束机制设计不当，未能充分发挥作用。

二是要增加对中央、地方政策体系的一致性、企业与地方政府利益的一致性研究。例如，少数研究认为中央政府和地方政府在节能减排过程中的博弈日渐加剧，降低了政策效果。当地方政府面临的节能减排压力远远超出其实际治理能力时，地方政府会为了自身利益采取各种替换、抵制或敷衍等政策行为。同时，也存在少数政企合谋问题，特别是在制度不完善、存在漏洞时，这些问题很容易爆发。例如，2013年6月，在国家审计署公布的2011年、2012年中央财政对18个省区市的节能减排补贴中，有348个项目单位挤占挪用、虚报冒领资金16.17亿元，包括格力集团、TCL空调、格兰仕等，可见我国节能减排补贴工作中存在不少造假、违规、监督不力等问题。因此，要利用博弈理论研究地区节能减排的内生动力，探寻市场机制和目标责任制相结合的制度系统。

三 从"一刀切"政策到"差异性"精细化政策研究

制度安排的一大不足就是"一刀切"，缺乏差异化政策，不能有的放矢地针对异质性主体发挥作用。现有研究也未给予足够重视。例如，在节能减排设备推广改造等方面，未充分考虑到不同行业的发展情况而制定差异化政策；未考虑到东、中、西部地区差异，在淘汰落后产能、新项目环评等时未制定区域差异化政策；未考虑到不同类型企业对政策的不同反应。而应考虑行业政策差异研究，在主要污染物总量控制方面，需要考虑是否有必要对印染、造纸、化工、医药、制革、火电、热电、水泥等行业企业实施统一标准，还是实行差异化的行业总量控制激励政策。另外，考虑地区政策差异研究，不同地区有着不同的产业，每个产业的能耗、排污有很大差异。但同时，一些邻近地区又具有利益相关、环境生态相关。如何在公平和有效激励的基础上，结合地区特性，制定倾斜性政策（减排专项资金、污染整治专项资金、排污权指标）。地区政策设计既要考虑协同性、一致性，还要有针对性，才能科学引导，实现共同目标。

例如，大型企业与中小企业面临的发展约束不一样，同样的政策可能导致不同的节能减排行为反应。资金和技术可能是制约中小企业节能减排活动的最为关键因素。许多环保设备动辄数千万元，生产工艺的调整意味要提高原料采购价以及与此相配套的废水废气治理技术，还有庞大的后续运营与维护费用，这些问题会让许多中小企业望而却步。相同的政策可能导致不一样的效果，小企业被动节能减排，或减产、或停产，或通过缴纳高额费用保留低成本但高污染的设备和工艺。大企业或主动节能减排，通过技术创新与改造来节能减排。另外，不同产量、不同规模的企业的边际效率不一样，其实现节能减排的边际成本也不一样。同质政策不同反应异质性企业的效率和边际成本的差异，其政策效果可能低于差异化政策。故有必要展开针对中小企业的政策研究，解决它们的一时之困，例如在融资支持、技术支持等方面的政策与制度安排。我国针对中小企业节能减排的制度与政策支持研究相对较少，有必要强化这一领域的研究。

总体而言，通过文献回顾可以发现，以往的研究在纺织产业节能减排政策制度的构成、测量、绩效评价等方面存在不足之处，采用的研究方法相对单一。因此，为了弥补先前的不足，本书将注重研究三个方面的内容：构建纺织产业节能减排制度理论的分析框架，并基于生命周期理论研究了国家节能减排政策的具体实施对于不同企业减排绩效的影响；深入探讨企业环境信息披露的影响因素、作用结果以及内在的机制；运用生命周期评价方法、仿真模拟法和碳足迹核算法等研究方法，对纺织企业碳足迹进行结构突变检验。

第三章 纺织产业节能减排制度的理论分析

在上一章文献回顾的基础上，本章注重从市场失灵的视角剖析纺织产业节能减排需要有效制度的经济学动因，在此基础上进行了纺织产业节能减排制度的博弈均衡分析，最后分析了纺织产业节能减排制度的敏感度。

第一节 纺织产业节能减排需要有效制度的经济学动因

一 市场失灵的经济学含义

丁兴业和田志娟（2006）在讨论市场失灵问题时引用约翰·伊特韦尔（John Eatwell）等在《新帕尔格雷夫经济学大辞典》中的观点："理解'市场失灵'的最好方式是先理解'市场成功'——指能够聚集理想状态下竞争市场的资源并使其配置达到帕累托（Pareto）最优状态的能力。"理论上，基于完全竞争市场的假设，市场调节机制将促使整个经济环境处于一般均衡状态，从而使资源配置达到帕累托最优。但是，现实生活中难以实现完全竞争市场以及其他一系列苛刻的理想化假定条件。因此，在很多场合仅靠市场机制难以实现资源的有效配置，导致经济运行出现低效率、不公平和不稳定等诸多问题，不能实现帕累托最优状态。由此，所谓的市场失灵是指市场机制自身无法实现资源有效配置，导致经济运行缺乏效率。另外，萨缪尔森在其《经济学》中指出，市场失灵现象还包括"商业周期"和"低经济增长"等宏观经济问题。这类市场失灵问题并非是市场机制本身缺乏效率，而是其本身存在难以解决的问题。

参考丁兴业与田志娟（2006）的做法，本研究从两个层面定义市场失灵，一是狭义的市场失灵，即市场机制存在资源配置缺乏效率的问题；二是广义的市场失灵，即市场机制存在其自身难以解决的问题。

二 纺织产业节能减排的含义及措施

节能是减少对物质和能源资源的利用，而减排是减少废物和对环境有害物质的产出。节能减排是两个互为因果的主要技术领域（袁开福等，2008）。《中华人民共和国节约能源法》指出节能的定义是加强能源使用管理，采取技术上可行、经济上合理、环境和社会上可接受的措施，从能源生产到消费，减少消耗，减少损失和污染物排放，有效合理地利用能源[①]。广义上，节能减排即对所有资源的节约与合理使用，本质是保护环境，维持经济的可持续发展（吴绩新，2011）。

进入21世纪以来，我国经济重化工业发展趋势和粗放型经济增长造成了环境恶化与资源浪费，资源环境问题在一定程度上制约着我国社会经济的发展（庄贵阳，2008）。而纺织产业是我国工业的重要组成部分，属于高耗能、高排放、高污染的行业（钱兴富，2011），尤其是纺织印染行业，其单位产品能耗和水耗量大、污染物排放量大以及排放污染物处理困难等问题日益凸显，已对我国自然生态环境构成了巨大危害。我国"十一五"规划纲要首次提出要建设低投入、高产出、低消耗、低排放、可循环利用、可持续发展的国民经济体系和资源节约型、环境友好型社会，其经济和社会发展指标中，多项约束性指标直指纺织印染业，对其能源消耗的降低、污染物排放的减少设定了目标（王建庆等，2009）。《纺织工业调整和振兴规划》（2009—2011）中明确提出了关于降低耗能、提高回收率等节能减排目标，工业和信息化部出台

---

① http://www.djrd.gov.cn/html/flfg/fl/19/02/5895.html

《部分工业行业淘汰落后生产工艺装备和产品指导目录（2010年）》，其中有35项与纺织行业相关。因此，纺织产业面临空前的节能减排压力，其节能减排工作迫在眉睫（吴绩新，2011）。

吴绩新（2011）在基于产业规制的视角研究分析纺织企业节能减排的推动机制中指出，纺织企业可从三个方面来实施节能减排措施：淘汰落后产能、推行标准化管理以及实现清洁生产。淘汰落后产能是指淘汰纺织企业中落后型号的工艺设备，整顿污染严重的生产线，处理使用年限超过15年的设备，推广和应用节能减排工艺技术，鼓励采用国内外先进节水型设备，减少工艺用水量，从源头上控制能源的消耗以及污染物的产生。纺织企业为实施节能减排措施贯彻节水节能减耗的标准，需要推行标准化管理，严格依照标准进行计量与操作，以提高企业节能减排和降低成本的效果（林琳，2008）。我国1992年颁布的《纺织染整工业水污染物排放标准》，为纺织印染行业实施节能减排提供了基础和依据。此外纺织企业根据自身实际开展生产审核和计量管理工作，实行企业内部生产流程标准化，细致评估企业耗能、产污环节，从而制订相应的减排方案。最后，企业实现清洁生产同样会对节能减排产生积极效果。尽管不同企业实施的清洁生产方案存在差别，但都从水电资源节约、废物分类回收、废旧回收利用等方式实现清洁生产，尽量降低废水、废气和废物的排放。同时，我国颁布了《印染行业清洁生产评价指标体系（试行）》《清洁生产标准——纺织业（棉印染）（HJ/T 185—2006）》和《印染行业废水污染防治技术政策》等政策标准为纺织企业实行清洁生产提供指导。

三 纺织企业节能减排的内外成本—收益分析

纺织产业作为最先市场化产业之一，其节能减排为一种与环境的资源配置相关的经济活动，属于环保范畴，也与企业的产能效益息息相关，有着公共物品的属性（吴绩新，2011）。其中公共物品的主要特点为消费或使用上的非竞争性和受益上的非排他性的产品，其非竞争性指任何人消费或者使用公共物品都不影响他人的消费或使用，于是"搭便车"的现象就随之而出现。例如，对于环境保护责任心强、具有家国情怀的纺织企业而言，便会投入大量的资源去改革工艺，购置节能型设备生产等，造成成本高昂，虽最后达到目的，减轻了环境的污染，节约能源，但单个企业的做法并不能够影响到整个行业的其他企业的行为，即其他企业不会因此也采取节能减排措施治理污染排放问题。而其非竞争性指若有企业一旦实施了节能减排的决策，其他企业不需增加成本便得到其带来的好处如环境优化等。在实际中，我们很难从公共物品的供求来度量其最优数量，一般来说，公共物品单靠市场提供数量通常低于最优数量，代表着市场机制分配给公共物品生产的资源是不足的，"市场失灵"的公共物品领域，意味着单靠市场机制难以在节能减排上达到帕累托最优状态。

对于不实施节能减排的纺织企业而言，由于常规的能源具有不可再生性，在存量的角度来看只消耗不生产，毫无节制而过度地使用能源即为牺牲未来人类的利益作为代价，从而导致未来社会资源的匮乏和财富的损失，资源的稀缺性导致使用资源的成本是高昂的，于是纺织企业毫无节制地消耗常规能源造成更高的社会成本。同时，纺织企业生产造成废物的排放将导致环境的恶化，倘若一个纺织企业的排污活动没有通过价格机制传导回企业成本内部，则其将会源源不断地往外排污而不顾其环境恶化的后果，因为其排污行为没影响到其利益最大化的结果。假定纺织企业进行生产活动的私人成本和社会成本分别为 C_P 和 C_S，私人收益与社会收益分别为由于纺织企业的目标为利益最大化，则其生产活动毫无节制地使用常规能源和肆意排放生产废物，导致社会成本上升，从而私人成本小于社会成本，即 $C_P < C_S$；倘若纺织企业采用此种生产活动所产生的私人收益大于自身私人成本但小于社会成本，即 $C_P < V_P < C_S$，纺织企业便不顾后果地大肆使用能源和肆意排放废物，尽管此行为对于社会而言是不利的，但依然无法阻止纺织企业的做法。显然存在帕累托改进，帕累托最优状态未得以实现，因为倘若不采取这样的做法，纺织企业只放弃（$V_P - C_P$）的收益，但社会上其他人所避免的损失为（$C_S - C_P$），由 $C_P < V_P < C_S$ 可知，（$C_S - C_P$）>（$V_P - C_P$），即倘若以其他方式分配此损失，可将社会上其他人的损失都减少，社会福利将会提高（高鸿业，2011）。纺织企业不进行节能减排的举措将会导致环境资源配置的失当，即"市场失灵"，其行为的性质称作"外部不经济"。当存在外部不经济情况时，一般情况下企业生产活动的生产水平会高于社会最优生产水平，导致产能过剩。

以图 3.1 进行分析说明在完全竞争假设条件下，外部不经济如何导致社会资源配置不当，即"市场失灵"。假定纺织企业的边际收益曲线 MR 和需求曲线均为水平线并重合，其私人边际成本为 MC，倘若纺织企业不采取节能减排措施，导致环境恶化，能源消耗速度过快，使得社会边际成本上升至 MC+ME，其中 ME 部分为成本上升，而不增加其私人边际成本。即（MC+ME）>MC，社会边际成本曲线在私人成本曲线之上，而纺织企业追求利益最大化的条件为边际收益等于边际成本，由图可看出其纺织企业的最优产量为两线交点 X^*，对于社会而言，其最优产量为 X^{**}，因此纺织企业最优产量大于社会最优产量，即外部不经济导致产品生产过多，超过了帕累托最优状态时产量 X^{**}，即资源配置失当。

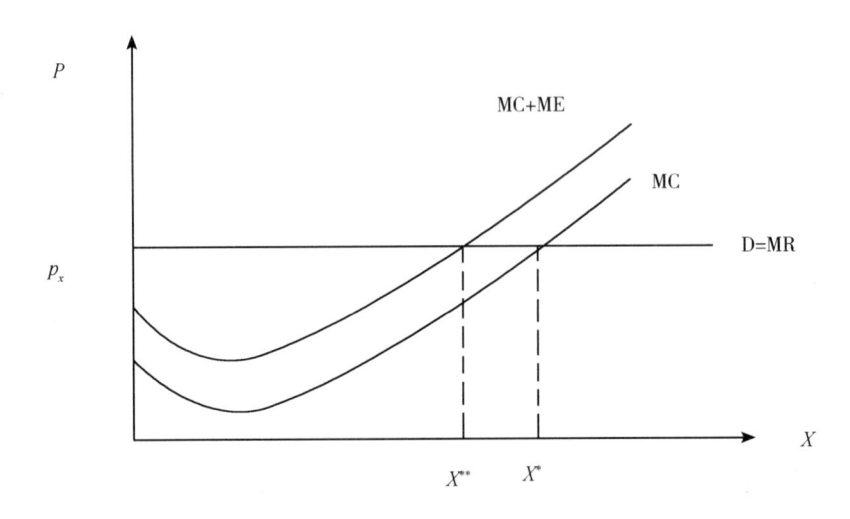

图 3.1 纺织企业外部不经济

由上述可见，单纯靠市场机制去推动纺织企业节能减排会导致经济效率的低下，从而导致"市场失灵"。纺织产业是工业中的重中之重，在其发展过程中，市场机制起主要的作用，但是市场机制局限性过大，会导致纺织产业出现资源过度消耗、肆意排污等外部负效应等社会问题。尤其对于小的纺织企业而言，节能减排措施更是难以实施，通常低价收购原材料，为自身利益大肆排放污染物，导致整个产业经济的运作效率低下。解决这部分经济效率低下问题，不能单纯依赖市场机制，需要市场机制之外的力量如社会有效的制度约束、政府法律条文硬性规定等去调节。

四 纺织企业节能减排市场失灵的具体表现

成本收益对比分析表明完全依靠市场机制推动的企业节能减排活动可能会存在两类"无效率"的市场失灵问题。一类是经济无效率，即市场失灵经济学定义中的"外部影响"问题。由于纺织企业市场化开始较早，市场机制的局限性导致纺织产业发展过程中出现许多资源消耗过度、环境污染严重等问题。一些处于纺织产业链上游、生产低端产品的中小企业为了获取市场资源而削减生产成本，对自身排污的治理投入较少，产生的社会成本由这些生产者以外的其他企业和社会共同承担，从而使得产业资源的运作效率低下。因此，纺织企业不计后果排放废弃物，不实行节能减排的举措将会导致环境资源的配置失当。另一类是社会无效率，即市场失灵经济学定义中的"公共物品"问题。一个环境责任好的企业进行节能减排，投入大量成本节约资源缓解环境压力，会导致其他企业有"搭便车"倾向，因此其他企业会减少实施甚至不实施节能减排的经济活动。除此以外，一个纺织企业节能减排并不会妨碍其他企业对资源的消耗以及对环境的污染。此时不进行节能减排的企业可以在增加消费者的同时不增加其成本，但社会成本在增加，于是便会导致社会的无效率。

第二节 纺织产业节能减排制度的博弈均衡分析

一 博弈模型的主体信息与行为特征假设

纺织产业节能减排政策或制度出台过程，是纺织企业与政府间的博弈过程。其中，节能减排的绝对主体是纺织企业，政府将为节能减排政策提供制度安排，以纠正市场失灵，实现纺织企业节能减排的有效激励。

在市场经济条件下，纺织企业是追求利益最大化的理性主体。在实施节能减排时，研发资金的初始投入，将增加目前的生产成本。而未来的收入和公共利益将是节能减排的主要增长点，这些都是目前纺织企业当期很难表现出来的利润。对于纺织企业来说，未来的发展是不确定的，因此大多数纺织企业都有追求短期利润的倾向，这也决定了大多数纺织企业不会主动节能减排。对政府而言，它是一个理性的主体。政府不单纯追求税收等经济利益，实际上政府代表了公众的利益，主要是为了保护环境，实现企业社会成本和私人成本的一致性，最大限度地发挥企业的社会效益、国际形象和生态环境等整体效益。但是，在纺织企业的生产过程中，自身掌握了自己的生产技术、污水排放和对生态环境的破坏等方面的完整信息，为了自身的利益，它们会向政府隐瞒部分信息。因此，纺织企业的信息特征是对实际污水排放的了解程度高于政府。而政府的信息特征则是，其处于信息劣势一方，难以完全了解纺织企业的排污信息，需要监督成本。因此，在节能减排政策的推行过程中，纺织企业与政府在利益最大化机制下进行利益博弈。

二　博弈模型的建立

（一）博弈模型的六个假设

纺织企业与政府博弈模型的六个假设如下：

1. 纺织企业是追求自身利益最大化的理性主体。

2. 政府处罚和补贴分别用于反映在生产过程中纺织企业造成的环境消耗或改善。

3. 政府有两种策略选择：推行节能减排和不推行节能减排。如果政府选择实施节能减排，政府将支付相应的费用。

4. 纺织企业有两种策略选择：推行节能减排和不推行节能减排。如果选择实施节能减排，将通过加大技术、设备和管理投入，增加前期成本，同时由于设备更新、技术进步，节能减排效率也会提高。在政府推行节能减排的条件下，纺织企业选择不推行节能减排的，政府将对其进行处罚。

5. 节能减排模式下的产品是环保型产品，初始价格相对较高，市场认可度较低，需求相对较小；随着纺织企业信誉的提高和公众对节能减排和环境保护的认识，对节能减排产品的需求将越来越大，传统产品的市场将逐渐收缩。

6. 纺织企业和政府节能减排的收益，本期不反映，而在下期反映。因此，在模型中，假设纺织企业和政府的收入存在两个阶段。政府和纺织企业是否实行节能减排政策，取决于收入的净现值大小，此处假定折现率为 ρ。

(二) 博弈模型的影响因子假设

博弈模型的七个影响因子假设，具体如下：

1. 在此博弈模型中用 U_1 表示不采取任何措施时第一阶段的纺织企业的收益，V_1 表示不采取任何措施时第一阶段的政府的收益。

2. 政府将在推行节能减排过程中付出一定的成本 $W_{t(t=1,2)}$，在这种情况之下，假如纺织企业不进行节能减排，则将会由于过度的超标排放和消耗能源而受到来自政府的罚款 $F_{t(t=1,2)}$；假如此时纺织企业跟随政府进行节能减排，则将因此而获得政府的补贴 $T_{t(t=1,2)}$。

3. 纺织企业若要进行节能减排，则需要在初期进行一次性专属资本投资 C，例如更新设备、改善工艺等。这种情况下，政府为鼓励纺织企业进行节能减排，会选择将一定的资本补贴 σC 给予企业，其中补贴系数为 $\sigma(0 < \sigma < 1)$，去除政府的资金补贴，金融机构贷款是剩余资金的主要来源，假设 r 为利率。

4. 由于纺织企业开始进行节能减排，减少对资源的消耗，降低对环境的污染，由此为企业节约生产成本为 μC，其中 $0 < \mu < 1$。

5. 第二期纺织企业推广节能减排的效益渐渐明显，并伴随着良好的社会收益。此时其产品的需求将更加受到市场欢迎，在第二期给纺织企业带来 mU_1 的收益，其中 $m>1$。

6. 假设纺织企业未能进行节能减排，则由于污染排放较多，能源大量低效率消耗,带来明显的负面效应,影响到第二阶段的纺织企业的收益 kU_1,其中 $k<1$。

7. 对于政府而言,进行节能减排,良好的社会效益 S 和国际形象效益 I 显现。而假设政府不推行节能减排政策,在第二阶段同样大小的社会效益和国际(形象)效益则会相应减少。

以上述七个影响因子假设为基础,建立纺织企业和政府的博弈模型见表 3.1:

表 3.1　　　　　　　　纺织企业和政府的博弈模型

		政府	
		节能减排	不节能减排
企业	节能减排	$\dfrac{U_1-C+\sigma C+\mu C+T_1+mU_1+T_2+\mu C-(1-\sigma)C_r}{1+\rho}$, $\dfrac{V_1-\sigma C-T_1-W_1+V_1+S+I-T_2-W_2}{1+\rho}$	$\dfrac{U_1-C+\mu C+mU_1+\mu C-(1-\sigma)C_r}{1+\rho}$, $V_1+\dfrac{V_1-S-I}{1+\rho}$
	不节能减排	$U_1-F_1+\dfrac{kU_1-F_2}{1+\rho}$, $V_1+F_1-W_1+\dfrac{V_1+F_2+S+I-W_2}{1+\rho}$	$U_1+\dfrac{kU_1}{1+\rho}$, $V_1+\dfrac{V_1-S-I}{1+\rho}$

三　博弈模型的均衡特征分析

表 3.2 为该博弈模型中使用的符号及其含义:

表 3.2　　　　　　　　博弈模型符号及其含义

序号	符号	含义
1	π_{ij}	纺织企业选择第 i 个策略,政府选择第 j 个策略时企业的收益
2	Π_{ij}	纺织企业选择第 i 个策略,政府选择第 j 个策略时政府的收益
3	i	纺织企业选择的策略,i 为 1 表示企业选择节能减排;i 为 0 表示企业不选择节能减排
4	j	政府选择的策略,j 为 1 表示政府推行节能减排政策;j 为 0 表示政府不推行节能减排政策
5	U_1	不采取任何措施时第一阶段的纺织企业的收益

续表

序号	符号	含义
6	V_1	不采取任何措施时第一阶段的政府的收益
7	$W_{t(t=1,2)}$	政府推行节能减排的过程中的成本
8	$F_{t(t=1,2)}$	超标排放和消耗能源受到来自政府的罚款
9	$T_{t(t=1,2)}$	纺织企业跟随政府进行节能减排而获得政府的补贴
10	C	初期一次性专属资本投资
11	σ	σ（$0<\sigma<1$）为补贴系数
12	σC	政府鼓励纺织企业进行节能减排，给予的资本补贴
13	r	金融机构资金的假设利率
14	μC	企业节约生产成本，其中 $0<\mu<1$
15	mU_1	节能减排在第二阶段给纺织企业带来的收益，其中 $m>1$
16	kU_1	未节能减排在第二阶段给纺织企业带来的收益，其中 $k<1$
17	S	政府进行节能减排带来的社会效益
18	I	政府进行节能减排获得的国际形象效益

根据上述的假设和分析，进行纺织企业与政府的博弈模型均衡分析：

（一）假设政府推行节能减排

此时纺织企业选择节能减排和不节能减排的收益分别为：

$$\pi_{11} = U_1 - C + \sigma C + \mu C + T_1 + \frac{mU_1 + T_2 + \mu C - (1-\sigma)C_r}{1+\rho}$$

3-（1）

$$\pi_{01} = U_1 - F_1 + \frac{kU_1 - F_2}{1+\rho}$$

3-（2）

假设 $\Delta_1 = \pi_{11} - \pi_{01}$，并令 $\Delta_1 > 0$，则可以简化为：

$$[(\sigma + \mu)C + T_1 + F_1] + \frac{(m-k)U_1 + (T_2 + \mu C + F_2)}{1+\rho} > C + \frac{(1-\sigma)C_r}{1+\rho}$$

3-（3）

式 3-（3）左边是纺织企业节能减排两阶段效益现值，右边是企业节能减排成本现值。研究表明,只有当节能减排的效益大于成本时,纺织企业作为理性的经济人才有足够的节能减排动力。

由此可见在这种情况下,企业的收益现值大于成本现值主要取决于以下四个方面:第一,要使纺织企业自发选择进行节能减排,合理的要素价格制度建立至关重要,企业的节能减排效果尤其应该得到合理的收益或成本的体现,即政府给企业的补贴 $T_{t(t=1,2)}$ 和惩罚金额 $F_{t(t=1,2)}$ 需恰当有效,企业节能减排才能由此被市场机制推动。第二,通常企业节能减排的专属成本肯定过高,政府应给予资本补贴 σC,并发展和完善金融体系解决不足部分,帮助企业节能减排筹集资金。当政府推进节能减排,未来的收益趋高,而不选择节能减排,风险在未来反而可能较大。因此,金融机构和资本市场,应给予企业节能减排优惠利率,以有效降低资本利息支出,节约成本,促进企业自觉节能减排。第三,消费者和社会对节能减排的认识也是决定企业是否主动节能减排的关键因素。如果消费者有很强的节能减排意识,那么企业选择与不选择节能减排之间的收入差距较大。如果节能减排意识较强,折现系数就会变小,给企业带来更大的效益,企业节能减排的意愿就会更强。第四,企业收入与成本的差距还取决于节能减排技术创新带来的成本降低情况。关键技术有突破和创新,企业将选择节能减排,有效降低企业成本,增强节能减排意愿。

(二) 假设政府不推行节能减排

此时纺织企业选择节能减排和不节能减排的收益分别为:

$$\pi_{10} = U_1 - C + \mu C + \frac{m U_1 + \mu C - (1 - \sigma) C_r}{1 + \rho} \qquad 3-(4)$$

$$\pi_{00} = U_1 + \frac{k U_1}{1 + \rho} \qquad 3-(5)$$

假设 $\Delta_2 = \pi_{10} - \pi_{00}$,则可以简化为:

$$\Delta_2 = (\mu - 1) C + \frac{(m - k) U_2 + \mu C - (1 - \sigma) C_r}{1 + \rho} \qquad 3-(6)$$

要求纺织企业主动进行节能减排,故令 $\Delta_2 > 0$,则:

$$\frac{(m - k) U_2 + \mu C - (1 - \sigma) C_r}{1 + \rho} > (1 - \mu) C \qquad 3-(7)$$

因此当全社会节能减排意识越强时，ρ 越小，收益会越大；同时企业是否进行节能减排的收益差距越大，即 k 与 m 的差值，越大也将越有效促进企业节能减排。企业是否选择节能减排，与节能减排技术创新带来的成本节约程度有关。如果在一些关键技术领域取得突破和创新，将大大降低企业的成本，也就是说，μ 越大，企业收入就越高，成本就越低，该行业将更愿意节能减排。最后，金融体系越完善，融资成本越低，企业节能减排意愿越强。

(三) 假设纺织企业推行节能减排

此时政府选择节能减排和不节能减排的收益分别为：

$$\prod\nolimits_{11} = V_1 - \sigma C - T_1 - W_1 + \frac{V_1 + S + I - T_2 - W_2}{1 + \rho} \quad 3-(8)$$

$$\prod\nolimits_{10} = V_1 + \frac{V_1 - S - I}{1 + \rho} \quad 3-(9)$$

假设 $\Delta_3 = \prod_{11} - \prod_{10}$，则可以简化为：

$$\Delta_3 = -(\sigma C + T_1 + W_1) + \frac{2(S + I) - T_2 - W_2}{1 + \rho} \quad 3-(10)$$

令 $\Delta_3 > 0$，则：

$$\frac{2(S + I)}{1 + \rho} > \sigma C + T_1 + W_1 + \frac{T_2 + W_2}{1 + \rho} \quad 3-(11)$$

式 3-(11) 左边表示在政府推行节能减排情况下，总收益的当期净现值，右边表示其推行节能减排的总成本的当期净现值。在政府推行节能减排政策时，假设收益现值大于成本现值，政府有选择节能减排政策的动力。

根据上述公式，政府的利益和成本主要取决于以下三个因素：第一，国际社会对中国国际责任的看法和态度。国际社会要求中国承担的责任和义务越大，政府实施节能减排的国际形象效益就越大，政府的选择意愿也就越大，减少排放的意愿将越强烈。第二，当政府与纺织企业的信息水平存在较大差异时，政府的节能减排成本将增加，这可能成为政府实施节能减排面临的主要障碍。第三，当社会有较强的节能减排意识时，政府的收入将越来越大，成本也将越来越小，从而增强了节能减排的意愿。

(四) 假设纺织企业不推行节能减排

此时政府选择节能减排和不节能减排的收益分别为：

$$\prod\nolimits_{01} = V_1 + F_1 - W_1 + \frac{V_1 + F_2 + S + I - W_2}{1 + \rho} \qquad 3-(12)$$

$$\prod\nolimits_{00} = V_1 + \frac{V_1 - S - I}{1 + \rho} \qquad 3-(13)$$

假设 $\Delta_4 = \prod\nolimits_{01} - \prod\nolimits_{00}$，则可以简化为：

$$\Delta_4 = F_1 - W_1 + \frac{2(S + I) + (F_2 - W_2)}{1 + \rho} \qquad 3-(14)$$

同理，令 $\Delta_4 > 0$，则：

$$F_1 - W_1 + \frac{2(S + I) + (F_2 - W_2)}{1 + \rho} > 0 \qquad 3-(15)$$

由于政府对不进行节能减排的企业罚金满足 $F_i \geq W_i$，因而式 3-(15) 恒成立，也就是说在纺织企业不进行节能减排时，政府应推行节能减排。

将 3-(15) 进行变换得：

$$F_1 + \frac{2(S + I) + F_2}{1 + \rho} > W_1 + \frac{W_2}{1 + \rho} \qquad 3-(16)$$

式 3-(16) 左边表示政府在上述条件下推行节能减排的收益大于相应的成本，证实了我们的结论，这也体现了完全信息下市场的有效性。

四 博弈模型均衡的总结

政府推行节能减排政策时，应建立合理的要素价格制度，实行适当的补贴及惩罚机制，调控企业生产成本，引导企业生产行为。对于政府补贴以外的部分，应发展和完善金融体系，鼓励金融机构帮助企业节能减排融资。而对于主动节能减排的企业，应鼓励其技术发展与创新，从而降低企业生产成本。同时，积极完善金融体系，减少市场摩擦，缓解企业融资约束，降低融资成本。另外，政府应提高消费者及其他社会主体的节能减排意识，并主动承担国际社会责任，从而降低企业成本，提高企业的社会收益。

第三节 节能减排制度的经济学和敏感度分析

一 纺织产业节能减排制度的经济学分析

节能减排政策源于解决资源短缺、能源损耗的环境外部性及稀缺性问题。庇古（1920）认为，外部性是一个社会成本问题，社会成本与私人成本是商品生产过程中的差异。其在《福利经济学》中指出，政府可以通过征税或补贴来纠正价格，使污染者支付费用或补偿污染者，从而有效地分配资源，这种税也被称作"庇古税"。对于我国来说，由于管理体制原因，节能减排政策决策过程通常为：先由国务院办公厅直接出台相关节能减排政策，再由能源、环境部门和财政部、银保监会等部门配合，并通过部门间分别出台相应的补贴或税收政策来产生对节能减排相关政策的反馈。因此，节能减排政策的绩效实际上是通过以上几个相关部门为代表的政府部门与企业部门之间的动态博弈体现的。

一般来说，政府部门推行节能减排政策时会采取两种策略：第一种是对高能耗企业征收高能耗税（记为 T）作为惩罚性政策。通过增加高能耗企业资源、能源利用和二氧化碳排放量等的排放成本，来约束企业的高能耗、高排放行为，并进一步促使企业进行设备和工艺的改造、更新，从而更好地推动节能减排政策的实施。例如，施行节能环保价格、惩罚性电价、推出居民用电用水用气阶梯价格、征收碳税等政策。第二种是对高能耗企业进行低碳补贴（记为 S）作为激励性政策。通过对高能耗企业进行低碳补贴，降低企业节能减排的成本，鼓励企业进行节能减排，并采用节能生产技术和先进工艺。例如，政府提供无息贷款、低息贷款、绿色技术支持、税收优惠等政策。

考虑政府部门（记为 i）作为节能减排政策的实施者，高能耗企业（记为 j）作为企业部门时，政府部门与企业部门的要素博弈模型如表3.1所示。在整个社会经济中,参与者政府部门 i 面临着两种策略(表3.3):向高能耗企业提供低碳补贴 S,或向高能耗企业征收高能耗税 T,记为 $Si=\{S, T\}$。而另一个社会参与者高能耗企业部门 j 同时面临两种策略:积极减排 H 和被动减排 L,记为 $Sj=\{H, L\}$。假设双方掌握博弈中所有有效信息,并满足基本博弈原则。

表3.3　政府部门与高能耗企业部门的节能减排政策博弈模型

		政府部门 i	
		征收高能耗税 T	提供低碳补贴 S
高能耗企业 j	积极减排 H	$-c, k$	$rs-rc, rk-rs-C$
	被动减排 L	$-pc-(1-p)t, pk+(1-p)t$	$0, -C$

假设高能耗企业每单位碳排放量的减少给社会带来的正外部性(包括能源节约、环境改善、居民生活质量提高等)记为 k,相应的,高能耗企业为此节能减排付出的成本为 c;当政府部分实施激励性政策时,政府部门对高能耗企业的排放审查等核算成本记为 C,对已确认的高能耗企业进行每单位减排量补贴记为 s。

当每单位减排量补贴金额 s 大于每单位减排量成本 c($s>c$)时,高耗能企业才有积极节能减排的可能,设此时减排量为单位减排量的 r 倍。当政府部门采取向企业征收高能耗税 T 时,积极减排的高能耗企业仅需完成最低单位减排量即可,而被动减排的企业则面临两种选择:一种是高能耗企业随着政府部门节能减排政策的松紧而相机地进行节能减排响应;另一种情况是高能耗企业不响应节能减排号召,仍进行高能耗生产,直到有关政府部门叫停生产或对企业罚款后,企业被动采取节能减排措施。以上两种情况出现的概率记为 p,政府部分发现高能耗企业未进行节能减排工作的概率为 $(1-p)$,并进行惩罚性征税,税率为 t。由于国内大部分高能耗企业节能减排技术不够成熟,故假设节能减排成本 c 大于惩罚性征税 t,即 $c>t$。

上述高能耗企业部门与政府部门的节能减排博弈模型存在两个纯策略纳什均衡(企业积极减排 H,政府提供补贴 S)(企业被动减排 L,政府征收高能耗税 T)和一个混合策略均衡。下面将对各种均衡情况进行讨论。

假定在上述动态博弈中，采用某种策略的群体比例增长率 θ_i 为此策略效用与全体平均效用差的增函数，且考虑不同策略存在的可被观察的可能性差异：

$$d\theta_i/dt = \lambda_i \theta_i [\pi_t(s_i) - \sum \theta_i \pi_t(s_i)] \qquad 3-(17)$$

其中，λ_i 代表策略 i 的经济主体与该策略相关的行动和收益被观察到的可能性，$\lambda_i \in [0, 1]$，取值越大说明学习阻力越小。由于在演化博弈中，前文提到的纯策略纳什均衡处于稳定状态，因此主要讨论混合策略纳什均衡 (θ_i^*, θ_j^*) 的稳定性，其中 θ_i^* 为政府提供节能减排补贴政策的均衡比例，θ_j^* 为高能耗企业主动进行节能减排的均衡比例，则政府部门 i 采取节能减排补贴政策 S 时的收益为：

$$u_i(S) = \theta_j(kr - rs - C) + (1 - \theta_j)(-C) \qquad 3-(18)$$

政府部门 i 采取征收高能耗税策略 T 时的收益为：

$$u_i(T) = \theta_j k + (1 - \theta_j)(pk + t - pt) \qquad 3-(19)$$

高能耗企业 j 采取积极节能减排策略 H 时的收益为：

$$u_j(H) = \theta_i(rs - rc) + (1 - \theta_i)(-c) \qquad 3-(20)$$

高能耗企业 j 采取被动节能减排策略 L 时的收益为：

$$u_j(L) = (1 - \theta_i)(-rc - t + pt) \qquad 3-(21)$$

当上述节能减排模型达到混合策略均衡时，$u_j(H) = u_j(L)$，则政府提供节能减排补贴政策的均衡比例 θ_i^* 为：

$$\theta_i^* = \frac{c - pc - t + pt}{rs - rc + c - pc - t + pt} \qquad 3-(22)$$

同时有 $u_i(S) = u_i(T)$，则高能耗企业主动进行节能减排的均衡比例 θ_j^* 为：

$$\theta_j^* = \frac{C + pk + t - pt}{kr - rs - k + pk + t - pt} \qquad 3-(23)$$

假设政府部门和高能耗企业部门为不同群体时，对动态模型（1）式进行一般化复制，并通过稳定性判定依据 Lyapunov 第一法得雅可比矩阵为：

$$J = \begin{bmatrix} \dfrac{\partial(\theta_i/dt)}{\partial \theta_i} & \dfrac{\partial(\theta_i/dt)}{\partial \theta_j} \\ \dfrac{\partial(\theta_j/dt)}{\partial \theta_i} & \dfrac{\partial(\theta_j/dt)}{\partial \theta_j} \end{bmatrix}_{\substack{\theta_i = \theta_i^* \\ \theta_j = \theta_j^*}} \quad\quad 3-(24)$$

记矩阵 J 的迹为 T，行列式值为 B，则：

$$T = \dfrac{\partial(\theta_i/dt)}{\partial \theta_i} + \dfrac{\partial(\theta_j/dt)}{\partial \theta_j} - \dfrac{\partial(\theta_i/dt)}{\partial \theta_j}\dfrac{\partial(\theta_j/dt)}{\partial \theta_i}\bigg|_{\substack{\theta_i = \theta_i^* \\ \theta_j = \theta_j^*}} \quad 3-(25)$$

将式 3-(18)、3-(21)代入式 3-(25)中，得 $T=0$，故混合策略均衡（θ_i^*，θ_j^*）不可能处在稳定状态，其为动态博弈中的一个鞍点。

综上，考虑高能耗企业会通过学习、模仿同行业其他企业进行节能减排后的市场绩效来进行决策，在高耗能企业部门与政府部门的节能减排要素博弈中，存在三个策略均衡，其中包括两个稳定的纯策略纳什均衡（企业积极减排 H，政府提供补贴 S）、（企业被动减排 L，政府征收高能耗税 T）和一个不稳定的混合策略均衡（θ_i^*，θ_j^*）。因此我们得出：政府部门与企业部门的节能减排策略博弈可能出现多个均衡，不论是政府部门进行征税或者提供高能耗补贴，对于高能耗企业来说都有可能选择积极节能减排或者被动节能减排，且两者之间存在一个动态平衡状态，这就需要发改委、财政部、银保监会和环保部等多部门进行积极协商，促进政府职能的优化，加强组织领导，健全考核机制，建立发展循环经济、建设节约型社会的制度，研究制定发展循环经济、建设节约型社会的政策措施。要建立发展循环经济和建设节约型社会的专项资金，重点扶持循环经济发展项目、节能降耗活动以及对减排技术创新的补贴。把万元生产总值、化学需氧量和二氧化硫排放总量纳入国民经济和社会发展年度计划，建立健全节能环保保障机制（颜超，2011）。

二 制度类型的敏感度分析

第一阶段（1979—2001 年），从改革开放到加入世贸组织前：改革调整阶段。

改革开放以来,我国一直把环境保护作为一项基本国策,早在1979年就首次颁布《中华人民共和国环境保护法(试行)》,但是,在改革开放初期,社会整体环境保护的意识比较薄弱,将经济发展当作了主要目标,忽略了对自然环境的保护,也忽略了资源的有限性(见图3.2)。

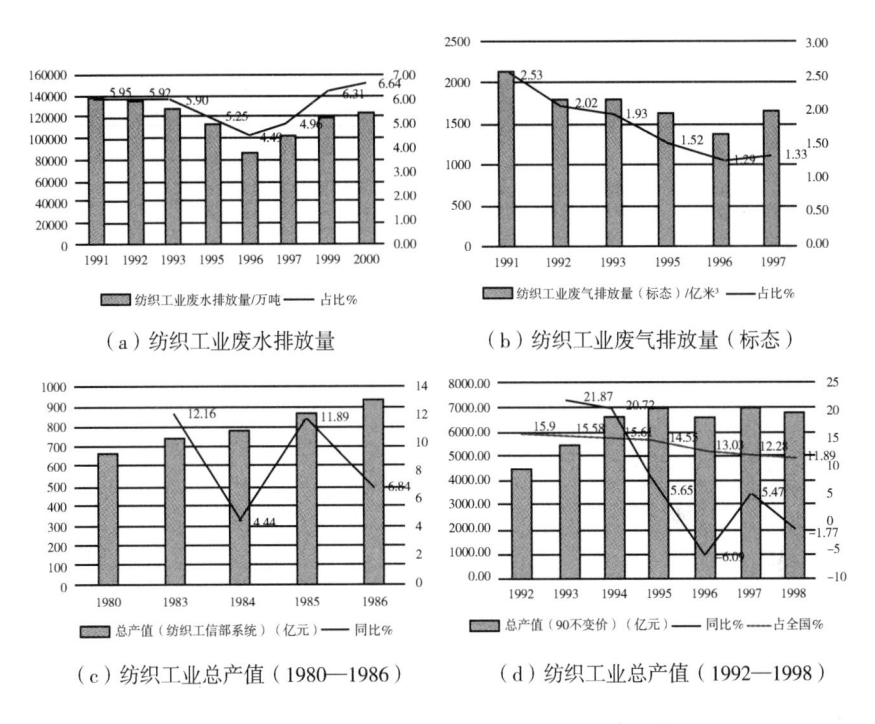

(a) 纺织工业废水排放量

(b) 纺织工业废气排放量(标态)

(c) 纺织工业总产值(1980—1986)

(d) 纺织工业总产值(1992—1998)

图 3.2 纺织产业第一阶段(1979—2001年)概况

具体就我国的纺织产业而言,该产业一直是排污多、耗能高的重灾区,且由于我国纺织产业的生产模式十分传统,设备也较落后,一直是一种以环境换经济的增长模式。其中,纺织印染行业又是典型的水污染密集型行业,其用水量、污水排放量在各工业部门中处于前列,排放方式也常常不达标。染料中用到的重金属会对环境造成极大的危害,对人类健康也是潜在威胁。除了直接生产的环节,纺织行业所需的各种原材料,例如棉花等,在种植过程中都会大量使用化肥和农药。因此纺织行业从材料源头一直到最后出产成品,都存在着各种污染环境的现象。而我国从1994年开始就成为了世界纺织品出口大国，出口额达350亿美元。虽然在短期内经济得以发展，但长期来看，如果中国的纺织企业不能及时治理存在的环境问题，对工业排污耗能量有严格规定的国家和地区完全可以以此为理由拒绝中国出口的纺织品，这对我国的纺织产业发展将会是非常严重的打击。

从图3.2可以看出纺织产业废水的排放量处于波动状态，在20世纪末有增加的趋势，而废气排放有逐年下降的趋势。总产值有一定的波动，总体来说占全国总产值的比例较高，在我国全力发展经济的时期发展最为快速，但是占比却呈现下降的趋势，说明整个纺织行业的发展略低于全国工业整体的发展速度，可以猜想对资源的低效率利用是导致其发展不及平均水平的原因之一。

第二阶段（2002—2008年），从加入世贸组织到全球金融危机前：产业转型阶段。

从国际上说，纺织品行业有两类技术壁垒，其中一类就是纺织品从生产到报废的全过程都要符合环境指标。鉴于我国纺织产业的高排污量和低能源利用率，这样的技术壁垒对我国纺织品的出口形成了极大的阻碍。2005年1月1日，世界贸易组织又开始以渐进的方式解除进口纺织品服装配额限制，如果不及时跟上国际标准的步伐，我国传统的纺织品企业将面临极大的生存危机，逐渐被能源利用更高效、生产过程更环保的企业淘汰。

从国内来说，2006年，我国进入"十一五"时期，国家出台了20多项以环境保护为主的各项政策。能耗和主要污染物排放总量在很大程度上反映了经济是如何增长的，付出了什么样的代价，以及产业结构的状况，直接关系到经济社会长远发展。所以严格削减污染物排放量，有利于实现我国促进产业结构的优化升级、解决经济增长方式粗放、保护环境节约能源的目标。所以从内部外部两个方面来说，我国纺织企业不得不在节能减排上多下功夫，以此追求长期的利益，同时这也符合国内的政策和要求。低能耗、低污染、高利用率已成为企业明确的发展方向。

从图3.3可以看出，纺织产业废水排放量还是在逐年增加，尤其是在金融危机前纺织行业废水排放量已经超过全国百分之十，说明国家对纺织行业的废水排放还应加大管理力度，大力支持节能减排科技创新。相比之下，废气排放量在2006年之后已经出现了明显的下降，可以合理推断2006年伊始的各种环境保护政策初见成效。企业的总产值总体呈上升趋势，但是百分比有所下降，说明节能减排的政策在短期内带给纺织行业一定的冲击，但是整个行业还是在蓬勃发展，可以预期在节能减排工作完成后，整个纺织行业会成为更有竞争力，同时又保持环境友好型的行业。

(a) 纺织工业废水排放量

(b) 纺织工业废气排放量

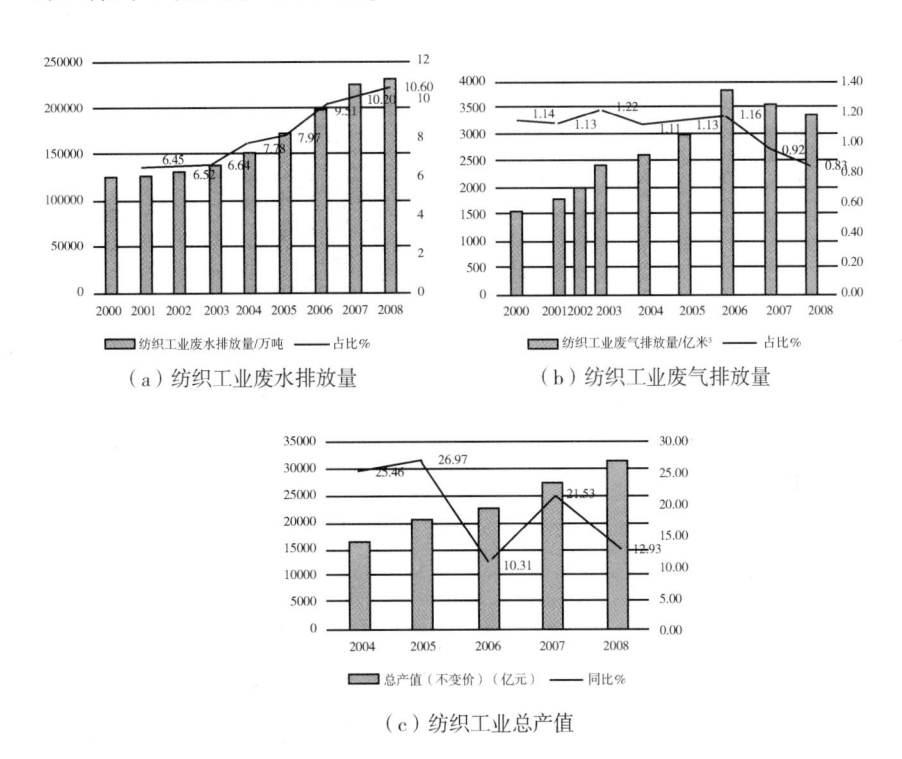

(c) 纺织工业总产值

图 3.3 纺织产业第二阶段（2002—2008 年）概况

第三阶段（2009—2015 年），全球金融危机后：平稳发展阶段。

金融危机之后，纺织行业面临诸多不利因素，例如原材料价格上涨、出口退税下调、国际贸易摩擦加剧以及人民币升值等，而作为一个环境敏感型和资源依赖型的产业，如果不加强自己的实力和竞争力，提高生产效率和科技含量，降低能耗提高效率，将面临被淘汰的命运。

我国为了适应国际形势,也为了保护国内的环境,在政策上大力支持节能环保工作。《中华人民共和国节约能源法》已于 2007 年 10 月 28 日修订通过,自 2008 年 4 月 1 日起施行。节约能源已经成为我国的一项基本国策。自"十二五"开始,我国的环境规制开始重视提高质量而非单纯地增加数量。进入"十三五",我国经济发展进入结构性改革的转型期,加强环境保护力度是其中重要的一环,例如,提出更严格的法规与政策,重视污染源头的管控,完善以前的法律法规,支持节能环保技术创新,同时淘汰高污染、高环境风险工艺、设备和产品。

从图 3.4 可以看出,2010 年,纺织产业的废水、废气排放量都已经开始逐年下降,可以推断金融危机对行业带来的冲击不小,许多企业为了适应环境不得不转型向环境友好型企业发展。节能减排工作已见成效。同时纺织产业总产值也在逐年增加,说明大部分企业成功适应了节能减排的政策,并且为日后可持续发展打下基础。

我国一大支柱产业就是纺织产业,也是我国传统制造业,但同时纺织印染工业也成为了我国重点工业污染行业。相关调查数据显示,纺织产业废水排放量居第 3 位。"十三五"时期,我国把建设生态文明提升到执政理念和国家战略层面,更加严格制定环保相关法律法规,从生态文明的新高度推动纺织产业节能减排,发展低碳、绿色、循环纺织经济,以推动传统纺织产业转型升级。

从总量政策看,按照我国"十二五"规划目标,到 2015 年,纺织产业单位能耗、工业二氧化碳排放强度、工业增加值单位用水量、工业废水排放量等指标达到了主要污染物的排放需比 2010 年分别降低 20%、20%、30% 和 10% 的目标,再生纺织纤维总量约 800 万吨。《纺织产业发展规划》提出要在纺织产业中建立绿色制造体系,实现清洁生产技术的普遍应用。到 2020 年,纺织产业单位增加值能耗下降 18%,水增加值下降 23%,主要污染物排放总量下降 10%。按照国家绿色产品统一合格评定体系的要求,推进生物基化学纤维、液体染色纤维等绿色纺织品的认证工作。同时,2017 年颁布的《环境保

第三章 纺织产业节能减排制度的理论分析

(a)纺织工业废水排放量

(b)纺织工业废气排放量（标态）

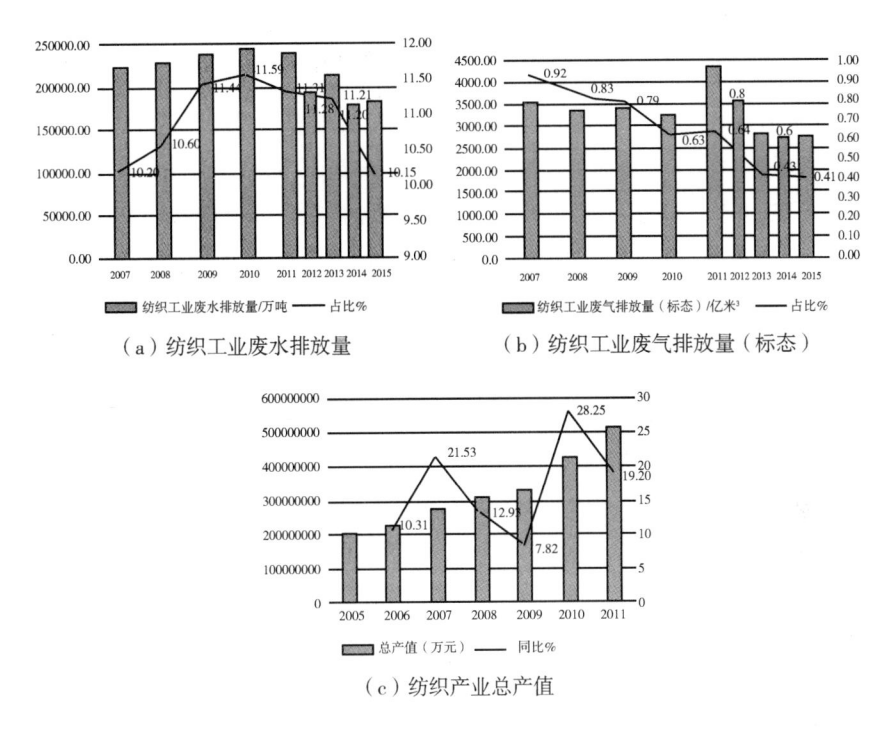

(c)纺织产业总产值

图 3.4 纺织产业第三阶段（2009—2015 年）概况

护税法》规定，对污染物排放量较大的企业征收环境保护税，主要包括印染废水、化纤生产废水、洗毛废水、HEM 脱胶废水、化纤浆废水。

从细分政策的角度来看，国家根据不同类型纺织企业的特点，从不同的方向出台了政策。针对污染最严重的印染企业，政策主张以现代电子信息技术和生物技术为手段，推广高效、短流程、无水或少水印的印染技术和设备，重点解决印染工业能耗高、耗水量大、环境污染严重等问题，使企业单位增加值能耗降低 10% 以上，中水回用率达到 35% 以上。对于纺织纤维加工企业，《纺织工业调整和振兴规划》规定，初步建立纺织纤维回收体系，纺织纤维回收利用总量达到 1200 万吨，同时提高回收利用的附加值。

在金融政策方面，为了加大对纺织企业的财政支持，国务院建议金融机构对无重大环境违法行为、基础性好、就业促进明显、经营效益好，但是出现暂时性经营和财务困难的纺织企业增加信贷额，支持适当延长到期贷款。放宽中小纺织企业贷款呆账核销条件，简化税务机关对金融机构呆账核销审核的程序，全额计提中小纺织企业贷款呆账准备金。对中小型纺织企业，则实行税前全额拨备并提供风险补偿。同时，为减轻纺织企业的负担，受金融危机影响较大、暂时经营困难的企业，应实行延迟缴纳社会保险费、降低社会保险费等政策，所有保险费率按照有关规定执行。

在财税政策方面，为激励企业节能减排技术进步，国家税收政策主要通过所得税减免、技术开发费加计扣除、加速折旧以及投资抵免等形式给予企业支持。2018年工业和信息化部、财政部发布的工业转型升级资金工作指南通知指出，纺织企业可在绿色关键工艺突破、绿色供应链系统等方面申报资金支持，补助标准可达项目总投资的20%—30%

从以上不同类型的政策可以看出，在解决纺织企业环境污染问题上，政府管制的介入主要是从直接管制和经济措施两大方面。

在直接管制方面，由于不同类型的纺织企业对于大气、土壤、水等环境的污染方式及程度存在一定差异，政府在制定节能减排政策时需考虑不同类型的制度与政策。如印染企业排放的大量污水造成严重的水污染问题，需制定排污收费制度、排污许可证、最高排放量等；纺织企业产生的机器噪声严重影响工人健康以及附近居民生活，政府设定了最高噪声标准；纺织原料企业在生产化纤过程中产生的二氧化硫、烟尘等废气，对大气造成的危害不可小觑，因此订立了废弃排放总量标准、环境影响评价制度等规定。直接管制由于具有强制性和法律性效力，对于监督环境污染企业具有直接性、见效快的特点，在我国实行最早、最为成熟。

而在经济措施方面，政府建立绿色纺织产业园区，由政府直接投资建设节能减排基础设施，形成集约效应，集中处理污染物，提高效率，允许符合环保标准的企业低价入驻并享受适当的政策优惠，可吸引受土地资源约束较大的企业，积极开发绿色纺织品，严格遵守环保规定。由于一般的中小型纺织企业利润率较低，抗风险能力较弱，难以受惠于现行的所得税减免、投资抵免、技术开发费加计扣除等激励方式。给予节能减排技术创新以及技术人才引进的政策补贴，可直接降低纺织企业研发升级环保公益和设备的成本，降低正外部性生产者的私人边际成本，对于资金敏感性较大、财力人力不足的中小企业，可直接有效地促进和鼓励其开展节能环保项目。相较而言，对于资金链良好、利润率较高的大型纺织企业，政府可提供税费减免、贷款贴息等方式激发企业节能减排积极性。而对于主要从事外贸业务，出口量大的纺织企业，实行出口退税补贴更有刺激效用。

为积极引导和鼓励纺织企业提升节能减排技术，开发绿色纺织品，政府部门只有通过各类型全方位的政策引导，才能有效降低纺织企业提高工艺技术及装备水平的成本，增强其推进节能环保的积极性。由于不同的政策类型，对于不同类型企业的行为的约束力有所不同，因此政府部门在制定制度或政策时，需要具有对企业类型的敏感性，并应当多种政策多管齐下，环境保护、土地、信贷等相关政策应与产业政策相协调，体现不同的待遇和保持压力，这是推动我国纺织产业可持续发展、实现全面发展的重要动力。

第四节　小结

本章从市场失灵与政府的角度入手，利用纺织企业和政府的制度博弈均衡模型，并基于公共经济学和政治经济学对纺织企业节能减排制度机制及产业敏感度的分析，构建了纺织产业节能减排制度理论的分析框架。

总体而言，政府推行节能减排政策时，应建立合理的要素价格制度，实行适当的补贴及惩罚机制，调控企业生产成本，引导企业生产行为。对于政府补贴以外的部分，应发展和完善金融体系，鼓励金融机构帮助企业节能减排融资。而对于主动节能减排的企业，应鼓励其技术发展与创新，从而降低企业生产成本。同时，积极完善金融体系，减少市场摩擦，缓解企业融资约束，降低融资成本。另外，政府应提高消费者及其他社会主体的节能减排意识，并主动承担国际社会责任，从而降低企业成本，提高企业的社会收益。而不论是政府部门进行征税或者提供高能耗补贴，对于高能耗企业来说都有可能选择积极节能减排或者被动节能减排，且两者之间存在一个动态平衡状态，这就需要政府多部门进行积极协商，优化职能并加强组织领导，研究制定发展循环经济、建设节约型社会的政策措施。建议设立发展循环经济和建设节约型社会专项资金，重点扶持循环经济发展项目、节能降耗活动、减排技术创新补贴等，支持节能减排政策的实施。

第四章 纺织产业全生命周期制度及其节能减排绩效评价

本章针对生命周期不同阶段的纺织产业,研究了国家节能减排政策的实施对于企业节能减排绩效的影响,选择 2008—2017 年沪深股市申银万国行业分类 SW 纺织服装产业上市公司共 89 家作为总研究样本,采用多元回归分析的方法对研究模型进行了检验。

第一节 我国纺织产业的生命周期阶段划分与相应时段节能减排政策

一 我国纺织产业生命周期阶段划分

产业生命周期理论认为,各类产业均如同生命体一般,具有成长、成熟和衰退的生命周期。而根据生命周期的含义和其各阶段特征及重大事件影响,本研究将从 1990 年至 2018 年间三个阶段对纺织产业进行详细阐述分析。

阶段一:加入世贸组织前的改革调整(1990—2001 年)。由于中国人口众多,对纺织产品的刚性需求极大,纺织产业一直是中国早期的优势产业。李娜和李春莲(2003)研究指出,在改革开放初期,我国纺织产业经历超高速增长。到 1997 年,我国的棉纱、丝织品、针织品等产量已居世界第一,纺织产品跃居中国出口大宗产品的第一位。但总体上,20 世纪 90 年代以来,纺织产业出口额比重逐年下降(如图 4.1)。究其原因,我国对经济体制进行了一系列的深化改革,而纺织产业在机械技术、发展策略等方面表现出了一定的落后,并且激烈的外部竞争使其不断暴露出更多深层次问题。纺织行业原有的优势在不断减弱,故在该阶段表现出以改革调整为主的特点。

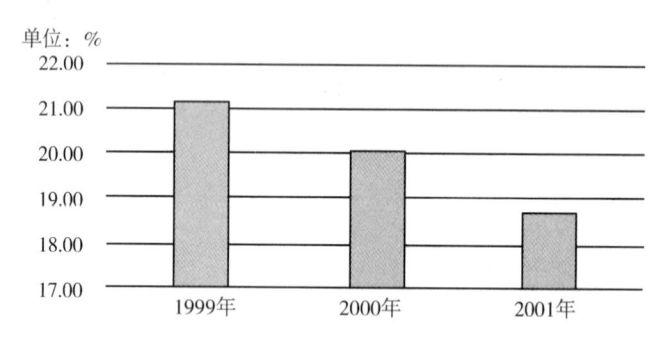

图 4.1 纺织产业出口额占总出口额比重（1999—2001 年）

阶段二：全球金融危机前的产业转型（2002—2008 年）。随着 2001 年中国加入世界贸易组织（WTO）,我国纺织产业拥有一个更为公平的国际市场环境,合法权益得到保护。同时,"入世"开拓了消费市场,扩大国内企业的市场份额和利润空间,并使企业接触到更先进的生产技术和管理技术,推动国内纺织产业提升国际竞争力。且这一阶段发达国家关于纺织品进口关税的优惠政策,为我国纺织品提供了一定的出口优势。总的来说,进入 21 世纪中国纺织产业规模仍在大幅度扩张。但另一方面,中国的纺织产业也面临着劳动力短缺、生产成本上升等转型升级的压力（徐媛媛,2017）。首先,作为劳动密集型产业,用工成本的上升抬高了纺织企业的生产总成本,压缩了产业利润空间。其次,生产原材料依赖于进口,而这一阶段原材料价格波动加剧,且国内替代品紧缺。故这一阶段中,纺织产业虽然随着良好的宏观环境而稳健扩张,但由于生产成本等因素的限制而被削弱了相对优势,总体上处于转型升级时期,纺织产业出口额占总出口额比重呈下降趋势（图 4.2）。

阶段三：全球金融危机后的平稳发展（2009—2018 年）。金融危机后全球经济持续疲软,外部市场对纺织品需求略趋萎缩。同时由于产业转移等因素,一些其他发展中国家的纺织产业出现发展扩张态

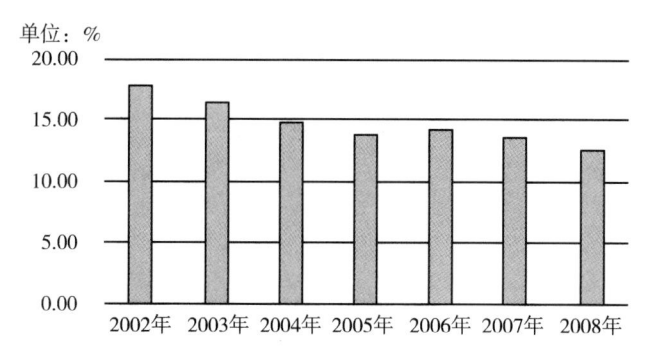

图 4.2 纺织产业出口额占总出口额比重（2002—2008 年）

势，产品市场占有率提升。而我国由于人力、环保等因素抬高了生产成本，个体企业的生产活动受到严重约束，继而出现纺织品出口锐减、产业盈利情况持续恶化等情况。对此，为保护产业良好发展、维持市场经济稳定，国家出台了允许困难企业缓交社保费用、增加政府财政资金支持等一系列政策鼓励生产活动。且个体企业通过改革积极提高生产技术、调整治理结构，纺织产业总体上逐渐恢复平稳发展。从图 4.3 中可以看出，截至 2017 年，这一时期的纺织产业出口额的整体占比较初期有所下降，产业比较优势削弱。但由于国家扶持等有利因素，前期部分年份出现小幅回升，纺织产业总体上处于较为稳定的发展态势。

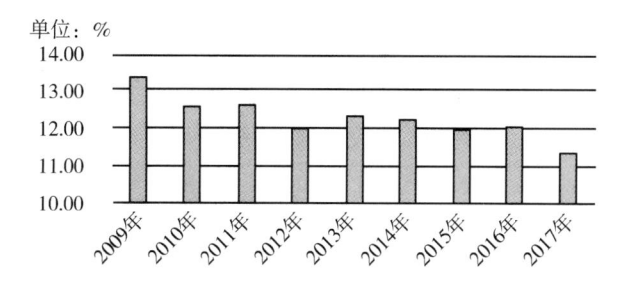

图 4.3 纺织产业出口额占总出口额比重（2009—2018 年）

综合 20 世纪 90 年代我国纺织产业经历的三个历史阶段（改革调整阶段、产业转型阶段、新时期压力下平稳发展阶段），可以发现我国纺织产业在各阶段表现出明显的生命周期特征。在这一过程中，虽然总体规模在不断扩张，但由于生产成本趋高、比较优势削弱等弊病，我国纺织产业呈现出相对规模压缩的情况（表4.1）。

表4.1　　　　　1990—2017年纺织产业发展数据表

年份	纺织产品产成品（亿元）	国内工业生产总值（亿元）	纺织产业产值占工业总产值比重（%）	纺织产业出口总值（亿美元）	出口总值（亿美元）	占出口总值比重（%）
1990		6904.7			620.9	
1991		8138.2			718.4	
1992		10340.5			849.4	
1993		14248.8			917.4	
1994		19546.9			1210.1	
1995		25023.9			1487.8	
1996		29529.8			1510.5	
1997		33023.5			1827.9	
1998		34134.9			1837.1	
1999		36015.4		412.7	1949.3	21.17
2000		40259.7		493.79	2492	20.05
2001	907.6959	43855.6	2.07	498.36	2661	18.73
2002	906.5646	47776.3	1.90	578.49	3256	17.77
2003	907.13025	55363.8	1.64	733.46	4382.3	16.73
2004	1130.7784	65776.8	1.72	887.67	5933.3	14.96
2005	1287.0779	77960.5	1.65	1076.61	7619.5	14.13
2006	1489.0186	92238.4	1.61	1380.94	9689.8	14.25
2007	1388.04825	111693.9	1.24	1658.02	12177.8	13.62
2008	2100.9008	131727.6	1.59	1797.34	14306.9	12.56
2009	2166.7283	138095.5	1.57	1614.09	12016.1	13.43
2010	2101.7695	165126.4	1.27	1995.33	15777.5	12.65
2011	2403.6648	195142.8	1.23	2405.39	18983.8	12.67
2012	2613.8357	208905.6	1.25	2460.45	20487.1	12.01
2013	2741.2456	222337.6	1.23	2739.59	22090	12.4
2014	2876.952	233856.4	1.23	2875.84	23422.9	12.28
2015	3003.4402	235183.5	1.28	2733.93	22734.7	12.03
2016	2812.9829	247877.7	1.13	2532.63	20976.31	12.07

续表

年份	纺织产品产成品（亿元）	国内工业生产总值（亿元）	纺织产业产值占工业总产值比重（％）	纺织产业出口总值（亿美元）	出口总值（亿美元）	占出口总值比重（％）
2017	2917.1837	279996.9	1.04	2573.21	22633.71	11.37

注：表中空白为数据缺失。

数据来源：国家统计局《中国统计年鉴》。

二 生命周期不同阶段纺织产业的产业链阶段性特征

（一）纺织产业链的阶段性特征

第一阶段（1990—2001年），改革调整阶段，我国纺织产业生产主要以低成本扩张的粗放型发展模式为主，产品附加值较低。20世纪90年代初期，我国在纺织品加工领域、服装和装饰、产业用三大纺织品的比重为75∶17∶8，产业链主要集中于上游原料的生产与加工。赵绪福（2006）对农业纺织原料产业链的基本特征进行研究分析发现，我国早期农业纺织原料产业链存在供需数量契合性较差、技术水平较低等问题。

第二阶段（2002—2008年），转型升级阶段，我国纺织产业链整体仍处于中低水平，但集群效应逐渐形成。这一时期由于纺织产业生产技术及组织结构不合理，总体上产品优势仍集中于劳动密集型，而资金、技术密集型产品处于劣势。马艳华（2009）研究了我国纺织产业链在运行中存在的问题和障碍，发现中国纺织产业仍然存在产业链条不稳定，棉花等原材料的基础供应波动大、质量差等问题；在纵向链条上，生产加工等中间环节相对优势明显，而研发设计和品牌营销能力相对薄弱。但另一方面，2002年纺织产业协会批准纺织产业集群的试点基地增加到19个，分行业的产业集群区共计151个，我国纺织产业集群效应正在逐渐形成。

在第三阶段（2009—2018年），平稳发展阶段，我国纺织产业链的发展主力逐渐向下游趋近。根据《纺织产业"十三五"发展规划》，2015年我国服装、家纺、产业用纺织品纤维加工量比重相比

2005年的54∶33∶13调整为46.6∶28.1∶25.3，产业结构大幅优化。而随着贸易转型升级，我国纺织品加工贸易比重由2000年高达50%下降到2012年的16%，供应链条得到了整合再造。该阶段后期，我国纺织产业高新技术纤维机器复合材料、高端纺织装备、高性能产业用品纺织品得到快速发展，逐步形成工业、技术及装备等产业化配套技术和规模化生产能力，下游的销售端也逐渐优化（表4.2）。

表4.2　　　　　　　　我国纺织产业链的阶段性特征

阶段	年份	阶段	产业链特征
第一阶段	1990—2001	改革调整	低成本扩张的粗放型模式，附加值低；产业链集中于上游原料的生产与加工，且产业链供需数量契合性较差、技术水平较低
第二阶段	2002—2008	转型升级	优势仍为劳动密集型产品，资金、技术处于劣势；产业链条仍不稳定；产业集群效应正在逐渐形成，产业链仍集中在中游
第三阶段	2009—2018	平稳发展	产业链逐步趋向均衡，纺织产业链条的发展主力逐渐来到下游；供应链条得到了整合再造，下游的销售端也逐渐转型升级

（二）纺织产业的要素约束特征

总体而言，我国纺织产业主要面临三种要素约束：劳动力、资本和土地，且各要素约束表现出一定的异质性特征。

1. 劳动力约束

20世纪90年代，随着改革深入，制约劳动力区域间流动的壁垒逐渐被打破，大量农村剩余劳动力流向城市（王金营等，2011）。由此，我国纺织产业在发展初期具有明显的劳动力资源比较优势，助力我国中小纺织企业获得经济利益（李敏，2013）。但进入21世纪后，受农村人口增速放缓，加之高等教育扩招等因素影响，农村有效剩余劳动力数量开始持续下降，且以农民工为主力的普通劳动力工资逐渐上涨（金三林等，2013）。此外，新劳动合同法的实施进一步抬高了劳动力成本，集中体现在签订劳工合同、员工社会保险、规范工作时间及最低工资标准等规定。用工成本的持续上升使中国劳动力成本的比较优势逐渐削减。由图4.4中1990年到2016年制造业平均职工薪酬的变化可以发现，纺织产业劳动报酬及其增长率表现出逐年上升的态势，且增长速度趋于加大。其中，2008年金融危机对我国劳动密集型产业中的外向型与中小型企业造成严重打击，表现为吸收农村剩余劳动力的能力下降，并出现劳动力失业与回流现象（汪早容等，2009）。而金融危机过后，由于用工群体年轻化及工资向下刚性、劳动力市场供求不匹配严重等，最终导致部分纺织企业出现用工紧缺的现象，生产成本进一步大幅上涨。考虑到传统的劳动密集型特点，劳动力约束在用工成本上升的背景下对纺织产业造成了较大程度的打击。

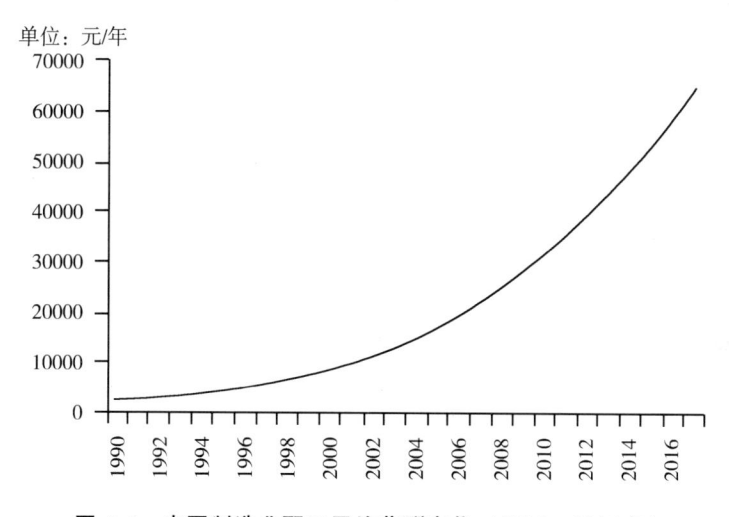

图 4.4　中国制造业职工平均薪酬变化（1990—2016年）

2. 资本约束

纺织企业产品研发、设备升级、原料采购等各个环节的发展均离不开资金的支持。而仅依靠企业基于自有资金的内部融资远远不能满足其生产需求，故证券市场、信贷市场等外部融资环境的发展与企业生产活动密切相关。20世纪90年代开始，我国贷款利率管制的弊端日益凸显，银行对中小企业贷款供给的积极性低下，而其中，对中小纺织企业而言，从正规金融机构贷款更是困难。郭勤（2002）对纺织上市公司的融资进行实证分析，指出入世后阻碍我国纺织产业产业升级的"瓶颈"是资金问题，一方面，金融体制改革和项目资本金制度的实行硬化了贷款条件，使效益不高的普遍纺织企业失去银行支持。另一方面，税收制度的改革，大大提升了企业的投资利润率要求，对企业技术改革再投资能力产生很大约束。为支持中小企业发展，1998年我国金融机构对中小企业贷款利率上浮幅度得到调整（易纲，2009）。进入21世纪后，贷款利率市场化进程加快，市场化程度显著提高。到2004年，我国贷款利率已基本完成市场化，贷款基准利率总体呈下降趋势。尽管利率市场化改革放松了贷款利率的管制，但实际上企业融资存在严重的非对称性特征。部分纺织企业因抵押能力弱、账面价值小，且缺乏有效担保，抬高了外部融资溢价，故难以从正规金融机构融资，而一定程度上依赖于民间借贷来缓解资金压力（陆景春，2009），而较高的民间借贷利率进一步增加了企业生产成本（图4.5）。

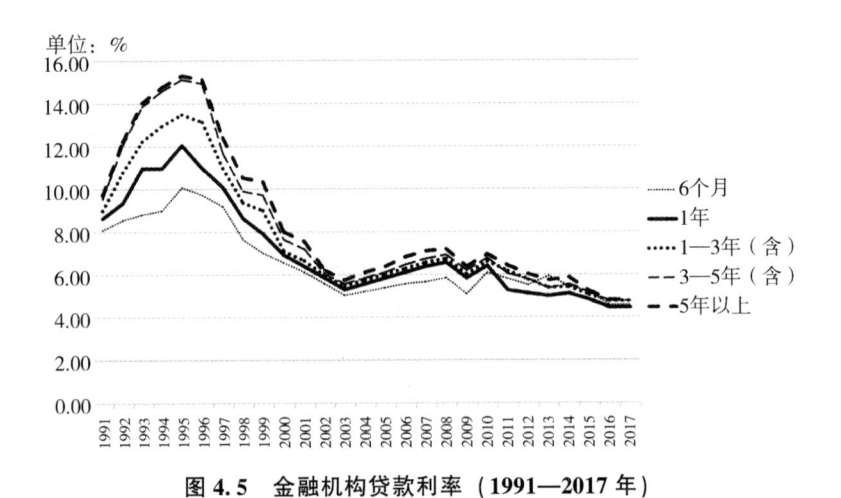

图 4.5　金融机构贷款利率（1991—2017年）

数据来源：《中国统计年鉴》、中央人民银行。

3. 土地约束

对于纺织企业而言，成本核算中土地租金成本也是其重要组成部分。20世纪90年代初期，我国开始逐步对城市经营性土地实行使用权有偿转让。全国各地陆续开始探索如何使得原来的存量土地的流动性更加合理，使之更加符合市场需求。随之便出现"开发区热"和"土地热"，土地价格开始逐步上涨。2001年国务院颁布《关于加强国有土地资产管理的通知》，正式确立了经营性国有土地招标拍卖供地的市场配置方式。该项政策虽然使得土地转让更加公平、公正和公开，但同时也导致各地土地价格纷纷上扬。近年来我国土地的市场化程度逐步加深，同时土地政策作为国家宏观调控手段的作用日益增强，加之房价的持续上涨，土地价格更是居高不下，这在一定程度上增加了纺织产业的生产成本。

三 产业生命周期不同阶段国家节能减排的政策规定

（一）不同阶段国家节能减排的一般性规定

伴随着我国城乡经济高速发展和进步，我国能源消耗量与污染量也在持续上升。在当今环境下，环保意识已经深入民心，国家政府部门对能源消耗和污染问题已经极其重视，大力开展节能减排工作，按现实情况颁布适当政策来调节其能源消耗与污染问题。表4.3为各阶段国家在节能减排方面所颁布的政策：

表4.3　　　　　各阶段国家节能减排的政策规定

阶段	时间	法律法规	主要内容
第一阶段	1992	《关于解决我国城市生活垃圾问题的几点意见》	加强城市垃圾管理，大力开展城市垃圾的回收综合利用，提高回收利用率。到2000年，大中城市生活垃圾综合利用率要达到40%以上
	1996	《关于环境保护若干问题的决定》	要实施污染物排放总量控制，抓紧建立全国主要污染物排放总量指标体系和定期公布的制度
	1998	《中华人民共和国节约能源法》	国务院和省、自治区、直辖市人民政府应当加强节能工作，合理调节产业结构、企业结构、产品结构和能源消费结构
	1998	《建设项目环境保护管理条例》	建设产生污染的建设项目，必须遵守污染物排放的国家标准和地方标准；在实施重点污染物排放总量控制的区域内，还必须符合重点污染物排放总量控制的要求
	1999	《重点用能单位节能管理办法》	重点用能单位是指年综合能源消费量1万吨标准煤以上（含1万吨）的用能单位；各省、自治区、直辖市经济贸易委员会指定的年综合能源消费量5000吨标准煤以上（含5000吨）、不足1万吨标准煤的用能单位

续表

阶段	时间	法律法规	主要内容
第二阶段	2002	《中华人民共和国清洁生产促进法》	本法所称清洁生产，是指不断采取改进设计、使用清洁的能源、采用先进的工艺技术与设备、改善管理、综合利用等措施，从源头削减污染，提高资源利用效率，减少或者避免生产、服务和产品使用过程中污染物的产生和排放，以减轻或者消除对人类健康和环境的危害
	2006	《中华人民共和国国民经济和社会发展第十一个五年规划纲要》	"十一五"期间单位 GDP 能耗降低 20% 左右，主要污染物排放总量减少 10%，并作为具有法律效率的约束性指标
	2007	《能源发展"十一五"规划》	到 2010 年，我国一次能源消费总量控制目标为 27 亿吨标准煤左右，年均增长 4%
	2007	《"十一五"资源综合利用指导意见》	到 2010 年，我国矿产资源总回收率与共伴生矿产综合利用率在 2005 年的基础上各提高 5 个百分点，分别达到 35% 和 40%。工业固体废物综合利用率达到 60%
	2008	《中华人民共和国水污染防治法（2008年修订）》	在总结我国实施水污染防治法经验的基础上，借鉴国际上的一些成功做法，加强了重点水污染排放总量控制制度，完善了水环境检测网络，强化了重点水污染物排放总量控制制度
	2008	《国务院 2008 年工作要点》	建立落后产能淘汰退出机制；抓好重点企业节能，提高城镇污水污染处理能力；大力推进墙体材料革新和建筑节能，开发风能、太阳能等清洁、可再生能源
第三阶段	2009	《关于开展"节能产品惠民工程"的通知》	安排专项资金，采取财政补贴的方式，支持高效节能产品的推广使用
	2009	《中华人民共和国可再生能源法（修正案）》	促进可再生能源的开发利用，增加能源供应，改善能源结构，保障能源安全，保护环境，实现经济社会的可持续发展
	2012	《中华人民共和国清洁生产促进法》	促进清洁生产，提高资源利用效率，减少和避免污染物的产生，保护和改善环境，保障人体健康，促进经济与社会可持续发展
	2013	《全国生态保护与建设规划（2013—2020 年）》	开展生态服务型人工影响天气能力建设，配备高性能人工影响天气飞机，建设作业指挥平台，合理配置新型高效增雨防雹火箭等地面作业系统

续表

阶段	时间	法律法规	主要内容
第三阶段	2014	《2014—2015年节能减排低碳发展行动方案》	工作目标：2014—2015年，单位GDP能耗、化学需氧量、二氧化硫、氨氮、氮氧化物排放量分别逐年下降3.9%、2%、2%、2%、5%以上，单位GDP二氧化碳排放量两年分别下降4%、3.5%以上
	2018	国家税务总局关于2018—2019年节能减排工作的指导意见	在全国国税系统广泛开展"五个绿色"行动，即绿色建筑行动、绿色办公行动、绿色食堂行动、绿色信息行动、绿色文化行动；倡导"三个力争"工作，完成"三个下降"

（二）不同阶段国家关于纺织产业节能减排的规定

纺织行业是我国工业的重要组成部分，同时也属于高消耗、高污染产业，进入21世纪以后，纺织产业的资源和环境制约问题日益严重，因此节能减排便成为缓解资源约束的重要途径（钱兴富，2009）。纵观我国节能减排措施规定，多次出台系列节能减排政策法规规范纺织印染行业的运行（表4.4）。

表4.4　　　　　　　　我国纺织产业节能减排的政策规定

阶段	时间	法律法规	内容
第一阶段	1992	《纺织染整工业水污染物排放标准》	规定了纺织染整工业企业生产过程中水污染排放限制、监测和监控要求。但对企业排放要求较低，对工业废气等污染物没有限制指标
第二阶段	2006	《清洁生产标准——纺织业（棉印染）》	对纺织产业原材料、生产工艺、设备、资源消耗、污染物产生指标、环境管理等各方面提出了更加严格的新要求
	2008	发布"印染行业准入条件"	为加快印染行业结构调整，规范印染项目准入，推进印染行业节能减排和淘汰落后，促进企业在印染可持续发展，针对企业在印染项目投资备案、施工建设、环评审批、土地供应、信贷投放、质量、安全监管、生产运营等方面设立了条件

续表

阶段	时间	法律法规	内容
第三阶段	2010	《纺织染整行业清洁生产技术推行方案》	总体目标设定染整主要单位产品综合能耗，其中印染布平均约42公斤标准煤/百米，印染行业降低消耗204万吨标煤/年；新鲜水消耗量下降到2.5吨/百米，总量减到12.75亿吨/年；废水排放量下降到2吨/百米，总量减到10.2亿吨/年，减排2.55亿吨/年
	2012	《纺织染整工业水污染物排放标准》第一次修订版发布	提高了污染物排放控制要求，引导纺织染整生产工艺和污染治理技术的发展方向，规定了水污染物特别排放限值
	2013	《印染企业环境守法导则》	环境保护部要求印染项目必须符合国家产业规划和产业政策，符合本地区生态环境规划和土地利用总体规划要求。限制采用使用年限超过5年以及达不到节能环保要求的二手前处理、染色设备
	2016	《纺织产业发展规划》	形成纺织行业绿色制造体系，清洁生产技术普遍应用。到2020年，纺织单位工业增加值能耗累计下降18%，单位工业增加值取水下降23%，主要污染物排放总量下降10%。按照国家统一的绿色产品合格评定体系建设要求，推进包括生物基化学纤维、原液着色纤维等绿色纺织品的认证
	2017	《环境保护税法》	对污染物排放高的企业征收环境保护税。而纺织废水主要包括印染废水、化纤生产废水、洗毛废水、麻脱胶废水和化纤浆粕废水5种。其中，印染废水是纺织产业的主要污染源，年排放量约为11.3亿吨（占纺织印染业废水的80%），占全国工业废水排放量的6%

第二节　生命周期不同阶段背景下节能减排政策效果理论分析框架与假说

一　理论模型构建

根据生产理论中要素配置原理，生产要素会自发地向边际收益较高的部门转移，直到各部门的边际收益与边际成本相等。而在长期，所有的生产要素投入均是可变的，理性的生产者将依据利润最大化原则选择最优要素组合进行生产活动。即为了实现既定成本下的最大产量，要素的边际替代率必然等于其价格比。前者反映了要素在生产中的替代比例，而后者则是其在市场中购买的替代比例。只要二者不相等，厂商总可以在等成本条件下通过对要素组合的重新选择及不断调整，使最后一单位的成本支出无论用于购买哪一种生产要素所获得的边际产量都相等，最终使总产量增加，获得最大利润（范里安，2015）。显然，在这一过程中，生产要素配置的均衡是在一定的限制性约束条件下，通过市场价格机制的调节作用达到的。而对于处在不同生命周期的企业而言，这一约束主要是指微观主体的自然禀赋及外部冲击等方面。尽管个体企业的禀赋约束可能不同，但其一般具有一定的可量化性及可控性特征。然而外生的制度性因素对生产行为的激励机制却是长期的、稳定的。具体就纺织产业而言，由于纺织产业属粗放型工业，具有废弃物回用率低、污水排放量大、污染处理难度高及能源消耗严重等特征，极易造成水资源、空气及土壤环境的恶化，出现外部不经济。2007年5月，国务院下发《第一次全国污染源普查方案》，将纺织产业明确列为重点污染行业。但由于产权模糊等问题，污染者与受害方难以在利润再分配问题上达成一致，故市场不能自发地实现潜在的帕累托改进。然而，随着国家针对环境保护、节能减排系列政策的出台，污染产业被划入重点管控范围，这类行政命令通过市场价格机制的传导，尤其对纺织企业的要素配置及生产行为造成了冲击。这意味着面对这一外生因素的影响，生产要素市场上相对价格将随之调整，进行污染耗能生产活动的相对成本被大幅提高，进而改变了企业生产的约束条件。企业根据约束条件下的利润最大化原理，必然改变其生产行为与组织结构。同时这也意味着，企业单位产出能耗绩效将由于节能减排政策对企业生产行为的引导而发生改变，并相应地减少污染排放。

结合速水佑次郎（2009）关于诱致性技术创新理论的研究，本部分在引入外部政策冲击的背景下构建了生产者均衡模型。假设纺织企业有劳动（L）、资本（K）、以土地为代表的自然资源

（A）等三种生产要素投入，生产一种产品，生产函数为：y=y（L，K，A）。上部 A-L 象限表示按照生产单位产品的等产量土地和劳动间替代关系。下部 L-K 象限表示在用劳动替代自然资源的情形下资本与劳动的互补关系，且定义为凹函数，表示资本劳动比率呈指数式的增长。用 I 曲线表示"创新可能性曲线"，指同时期内可利用的知识和人的能力开发出的所有技术相对应的单位等产量的包络线。政府节能减排系列政策出台，极大地限制了企业能耗及排污标准，土地等自然资源生产要素的相对价格随之抬高，设劳动对土地的相对价格从 P_0 下降到 P_1。当企业应对行政命令而改变生产行为，同时改革生产技术与制度，并进一步实现产业组织结构的优化升级。此时，创新可能性曲线朝着原点方向由 I_0 移动到 I_1，表示用更少的要素投入生产一单位产品的社会能力的提高。这一过程具体而言，在新的 I_1 技术开发出来之前，生产者利用旧技术 I_0 进行生产，做补偿线 P_1 后，初始均衡点 a 点移动至 b 点表示。由 P 和 P' 之间的距离度量的生产者的预期收益空间，诱致企业开发新技术以降低生产成本，最终 b 点移至 c 点，故生产者再次实现均衡。这一过程推动了企业的诱致性技术革新与制度变迁，后者意味着管理方式或治理结构的优化，最终提高企业绩效。值得一提的是，企业绩效的提高并非狭义的产出增加，而同时强调单位耗能的减小，这也在一定程度上反映了节能减排本身的政策目标和实际效果。

二 假说提出

根据上述理论模型，可以看出，国家所提出的节能减排政策会对企业生产过程中的生产要素相对价格产生影响，从而改变企业所面临的生产要素约束，这会迫使企业改变其组织结构，从而促使企业调整其生产过程中的环境污染行为。并且，上述政策效力的发挥主要是通过诱致企业进行技术与制度变迁实现的，即企业诱致性创新行为扩大了节能减排政策的边际效应。此外，虽然处于不同生命周期阶段的企业具有异质性，但是对于所有企业而言，其均面临着生产要素约束，这意味着上述作用机制的前提条件在所有异质性企

业中均得到满足,即上述理论分析适用于所有企业。有鉴于此,本书提出如下假说:

假说1:对于处在任何生命周期的异质性纺织企业而言,由于其在生产过程中均面临着生产要素约束,因此在追求企业利润最大化这一经营目标的要求下,国家实施的节能减排政策,将改变企业的行为与组织结构,从而改变其单位产出能耗绩效。

假说2:对于处在任何生命周期的异质性纺织企业而言,国家节能减排政策对纺织企业节能减排的影响,主要是通过诱致性技术变迁和诱致性制度变迁这两种作用机制来实现的,二者均从不同的渠道提高了节能减排政策影响纺织产业的边际作用效果。

第三节 假说1的经验依据

一 实证模型构建

为验证假说1,本书构建了式4-(1)这一计量模型,并通过观察式中节能减排政策等关键解释变量的系数,来印证假说1是否成立,具体模型如下:

$$outper_{it} = c + \beta_1 DP_{1t} + \beta_2 DP_{2t} + \beta_3 DP_{3t} + \beta_4 DP_{4t} + \gamma^T Z + \gamma_i + \lambda_t + \varepsilon_{it}$$
$$4-(1)$$

其中,$outper$表示企业产出能耗,c为常数项,DP_1至DP_4分别表示第一至第四个反映节能减排政策的虚拟变量。Z表示各控制变量,ε表示扰动项,下标i表示企业,下标t表示时期,γ_i和λ_t为个体效应和时间效应。一般而言,节能减排政策的推出对企业污染排放具有限制性作用,促使企业减少单位耗能,故预期节能减排政策DP_{jt}($j=1$,2,3,4)与企业产出耗能$outper$负相关,政策系数β_1、β_2、β_3、β_4将显著为负,且政策有效性越强,系数绝对值越大。

二 主要变量定义

(1)企业产出能耗($outper$),该变量用来反映企业的生产能耗水平，借鉴程瑶（2012）的做法，使用万元产值综合能耗 Ec（综合能耗/万元产值）和万元产值二氧化硫排放量 Se（二氧化硫排放量/万元产值）来衡量这一指标，并使用企业资本存量（K）对这一指标进行标准化处理。

（2）节能减排政策变量（DP），该变量用来代表不同时期节能减排政策，分别对应前文提及相关节能减排政策：2009 年《中华人民共和国可再生能源法（修正案）》、2012 年《中华人民共和国清洁生产促进法》、2013 年《全国生态保护与建设规划（2013—2020 年）》和 2014 年《2014—2015 年节能减排低碳发展行动方案》。本书采用（0，1）虚拟变量对政策变量进行划分，在各政策实施之前对应虚拟变量值为 0，政策实施后虚拟变量值为 1。

（3）控制变量（Z），本书的控制变量需要控制除研究变量之外其余影响企业产出能耗的相关变量，为此本书选择了企业规模（ES）、企业研发投入（MP）、企业销售收入（SI）、资本使用成本（UC）和企业管理投入（EM），用以分别控制其对企业产出能耗的影响。其中，企业规模用企业员工数的对数表示；企业研发投入水平定义为企业研发支出与资本存量（K）之比；企业销售收入用企业主营业务收入与资本存量之比表示；资本使用成本用企业主营成本与资本存量之比表示；企业管理投入用企业管理费用与资本存量之比表示。具体变量说明见表 4.5。

表 4.5   变量定义

变量名称	变量符号	变量定义
企业产出能耗	outper/K	万元产值综合能耗/资本存量（Ec）；万元产值二氧化硫排放量/资本存量（Se）
节能减排政策变量	DP	节能减排政策（0，1）虚拟变量
企业规模	ES	企业员工数的对数
企业研发投入	MP/K	企业研发支出/资本存量
资本使用成本	UC/K	企业主营成本/资本存量
企业销售收入	SI/K	企业的主营业务收入/资本存量
企业管理投入	EM/K	企业管理费用/资本存量

三 样本数据与描述性统计

(一) 数据来源

出于数据可得性的考虑,本章数据选取了 2008—2017 年沪深股市申银万国行业分类 SW 纺织服装产业上市公司共 89 家作为总研究样本,因此我们仅能以纺织产业的第三生命周期阶段为例,来对相关假说进行印证。对于总研究样本我们做了如下处理:第一,剔除 ST 类经营状况出现问题的企业;第二,剔除数据缺失较为严重的公司;第三,剔除资产负债率大于 100% 的企业;第四,对于主要解释变量进行了头尾缩减 1% 的 Winsorize 处理。由于季度数据的不完整性,本书选取年度数据进行实证分析以保留变量原有信息以及实证结果的准确性。经过上述处理,最终我们得到了 77 家样本企业,合计 770 个观测值。本章数据来源:国泰君安数据库、WIND 数据库、中国人民银行、《中国工业统计年鉴》、《中国统计年鉴》、沪深上市公司年报。

(二) 变量描述性统计

表 4.6 列出了纺织企业相关变量的描述性统计。其中,企业产出能耗(此处给出的是 Ec 的数据,Se 的数据结果与之类似故省略)的均值为 0.3673,中位数为 1.0254,标准差为 0.2302,可以发现企业产出能耗差异相对较大。企业规模的均值为 0.1136,中位数为 0.7956,标准差为 0.1098,企业规模的差异相对较小。企业研发投入的均值为 0.3761,中值为 0.5467,标准差为 0.1851,企业研发投入的差异也较为明显。据此我们可以初步认为,纺织产业的产出能耗以及研发投入存在着较为明显的差异,而这些差异表明纺织企业对于国家节能减排政策的响应效果也会存在一定差异。从资本使用成本、企业销售收入以及企业管理投入的均值、中位数以及标准差来看,这些变量存在着一定的差异,因此控制这些变量对于研究关键解释变量之间的相关关系有着重大意义。

此外,为验证主要解释变量之间是否存在着严重的共线性问题,本研究对其做了自相关检验,结果如表 4.7 所示。由表 4.7 可发现,除了企业研发投入与企业销售收入之间的自相关系数达到 0.6835 之外,其余变量间的自相关系数最高为-0.1017,据此可以认为设定模型不存在严重的共线性问题。

表4.6 企业主要变量描述性统计

变量	观测值	均值	中位数	最大值	最小值	标准差
企业产出能耗	770	0.3673	1.0254	4.6732	0.0021	0.2302
企业规模	770	0.1136	0.7956	10.8032	0.0049	0.1098
企业研发投入	770	0.3761	0.5467	3.4012	0.0045	0.1851
资本使用成本	770	0.3607	0.7843	3.2545	0.0021	0.1523
企业销售收入	770	0.3520	0.8938	3.5567	0.0036	0.1286
企业管理投入	770	0.3877	0.8392	4.6043	0.0023	0.1647

表4.7 主要变量的相关性检验

变量	$outper/K$	ES	MP/K	UC/K	SI/K	EM/K
$outper/K$	1.0000					
ES	-0.0751**	1.0000				
MP/K	-0.0913**	-0.0976*	1.0000			
UC/K	-0.0777***	-0.0860**	-0.0795**	1.0000		
SI/K	-0.0809*	-0.1017**	0.6835***	0.0871*	1.0000	
EM/K	0.0899**	-0.1004	0.0929**	0.0929**	0.0932**	1.0000

四 实证结果

表4.8给出了纺织企业关于模型4-(1)的回归结果,根据表中结果有以下发现。第一,对于2008年后国家不同时期的节能减排政策,纺织企业的单位能耗基本会随着政策的施行而减小,具体表现为各政策变量的系数为负。如表4.8所示,被解释变量为万元产值综合能耗时 DP_1 至 DP_4 系数分别为-0.0515、-0.0979、0.0082、-0.0876,被解释变量为万元产值二氧化硫排放量时 DP_1 至 DP_4 系数分别为-0.0642、-0.0576、-0.0715、-0.3041,且均至少在10%的水平下显著。这一结果说明政策变量与企业污染排放负相关,即随着国家节能减排政策的实施,纺织企业的单位能耗和污染排放均有明显

减少。因此我们可以认为国家实施节能减排政策时，根据企业利润最大化原理，纺织企业会改变其结构和市场行为，从而改变企业的单位产出能耗绩效，假说1的结论得到了实证结果的支持。

第二，不同时期的节能减排政策的效果具有异质性，显著性也有一定的区别。当被解释变量为万元产值综合能耗时，模型（1）的变量 DP_2 和 DP_4 的系数均在5%的水平下显著为负，变量 DP_1 的系数在10%的水平下显著；与之类似，当被解释变量为万元产值二氧化碳排放量时，模型（1）的变量 DP_2 和 DP_4 的系数均至少在5%的水平下显著为负，变量 DP_1 和 DP_3 的系数则在10%的水平下显著。这表明2012年和2014年实施的节能减排政策对纺织企业的产出能耗和污染排放均有较明显的影响，政策时滞效应相对较小，其较为明显地降低了产业的能耗和污染排放。而2009年和2013年实施的节能减排政策对纺织企业的产出能耗和污染排放的影响则相对较弱，但同样存在。据此我们可以推断，2008年至2017年间国家节能减排政策有效性整体较高，对纺织企业的产出能耗和污染排放均有较明显的影响，但部分政策可能存在政策时滞，或企业内部调整周期较长，导致在政策实施较短观测期内企业产出能耗绩效变化不明显。综上，假说1得到了来自实证结果的进一步支持。

表4.8 假说1的实证结果

变量	Ec	Se
c	0.1581 (0.1059)	0.2173 (0.1751)
DP_1	−0.0515* (0.3681)	−0.0642* (0.3610)
DP_2	−0.0979** (0.0587)	−0.0576*** (0.0163)
DP_3	0.0082 (0.0039)	−0.0715* (0.0034)
DP_4	−0.0876** (0.0433)	−0.3041** (0.1356)
ES	0.8630** (0.0720)	1.6823*** (0.0483)

续表

变量	Ec	Se
MP/K	-0.0501 *** (0.0231)	-0.0246 * (0.0134)
UC/K	0.0246 * (0.0134)	0.0873 ** (0.0253)
SI/K	-0.5030 *** (0.0613)	-0.0390 ** (0.0144)
EM/K	-0.314266 *** (0.0293)	-0.0260 *** (0.0199)
γ	控制	控制
λ	控制	控制
F 统计量	26.71	28.39
$Adjust-R^2$	0.53	0.51

第四节 假说 2 的经验依据

一 实证模型构建

为验证假说 2，本研究构建了式 4-（2）这一计量模型，并通过观察式中节能减排政策相关交叉项等关键解释变量的系数，来印证假说 2 是否成立，具体模型如下：

$$outper_{it} = \alpha + \beta_j DP_{jt} + \beta_{4+j} DP_{jt} \times GOV_{it} + \beta_{8+j} DP_{jt} \times ins_{it} + \gamma^T Z + \gamma_i + \lambda_t + \varepsilon_{it} \quad 4-(2)$$

其中：GOV 为企业治理结构变量，ins 表示企业研发投入，$j=1$，2，3，4。理论上，企业治理结构的优化升级将有助于节能减排政策对企业污染排放的影响，即企业治理结构的完善扩大了节能减排政策的边际效应，故预期交互项系数 β_{4+j} 均显著为负。而企业研发投入力度的加大，应能支持企业减少污染，对政策边际效应产生积极作用，故预期交互项系数 β_{8+j} 均显著为负。

二 主要变量定义

(一) GOV：企业的治理结构变量

GOV 是指企业的治理结构变量，本书选择可以较好代表企业治理结构的五个变量：企业第一大股东持股比例、企业所有权性质、董事会规模、董事人数在全部董事人数中的占比、经理层激励程度。企业第一大股东持股比例（$SH1$），反映了企业股权集中度。$SH1$ = 第一大股东持股数/总股数×100%。企业所有权性质（SOE），为虚拟变量，若为国有企业赋值为 1，非国有企业赋值为 0。董事会规模（DS），取值为包含独立董事在内的董事会人数的绝对值。独立董事人数在全部董事人数中的占比（IDR），IDR = 独立董事人数/董事会人数。经理层激励程度即管理层持股比例（MOR），用当年年末公司全部高级管理人员所拥有的股票合计数与总股本的比值衡量。

(二) Ins：企业的研发投入与销售收入之比

Ins 是指创新投入，即研发投入水平。基于现有文献，为了减少企业规模对指标的影响，学者们倾向于选择相对指标（创新研发支出强度）来衡量研发投入水平。关于研发投入水平的衡量，现在主流学界主要采用三种方法：创新研发支出与主营业务收入之比、创新研发支出与营业利润之比、创新研发支出与总资产之比。由于利润指标具有不稳定性，计算出的研发投入有较高波动性；企业总资产则随着企业规模的不同而发生变化，同时也对研发投入强度造成波动；总资产则不能较好反映由于创新带来的节能减排效果。因此，为了考察研发投入水平对节能减排贡献的大小，本书选择创新研发支出（研发投入）与主营业务收入（销售收入）之比来衡量企业创新研发强度（表 4.9）。

表 4.9　　　　　　　　　　变量汇总表

变量含义	符号	变量取值方法说明
企业第一大股东持股比例	$SH1$	第一大股东持股数/总股数×100%

续表

变量含义	符号	变量取值方法说明
企业所有权性质	SOE	若为国有企业赋值为1，非国有企业赋值为0
董事会规模	DS	包含独立董事在内的董事会人数的绝对值
独立董事比例	IDR	独立董事人数/董事会人数
管理层持股比例	MOR	当年年末公司全部高级管理人员所拥有的股票合计数/总股本
研发投入水平	Ins	研发投入/销售收入

三　样本数据与描述性统计

此处样本数据与假说1中的基本保持一致，在此不再赘述，相关主要变量的描述性统计结果见表4.10：

表4.10　　　　　　　　样本的描述性统计量

变量	观测值	均值	中位数	最大值	最小值	标准差
SH1	770	0.500	0.3201	0.8346	0.1318	0.1332
SOE	770	0.31	1	1	0	0.132
DS	770	8.991	9	15	0	1.933
IDR	770	0.365	0.311	0.667	0.142	0.062
MOR	770	0.009	0	0.306	0	0.041
Ins	770	0.049	0.094	0.223	0.002	0.063

从表4.10可以看出，纺织产业的平均研发投入强度是4.89%，数值中等，说明纺织产业的研发投入强度有所提升，高于学界部分学者（张永海，2006；施萍，2009；海云，2009）的研究。原因主要是样本的差异，本书选择的纺织产业属于劳动密集型制造业，市场占有率大，研发投入强度为企业带来的影响略小，对研发投入的比重历来不高，之所以有所提升可能是由于国家政策，需要通过提高研发投入，来增强节能减排的成效。但是表中的Ins投入的极小值为0.18%，极大值为22.3%，标准差达到了6.30%，说明不同的纺织产业企业研发投入水平存在较大差异。相比之下独立董事比例、高管薪

酬强度等反映企业治理结构的数据离散程度较小，各公司的差异不是很大，说明纺织企业在企业治理结构方面具有一定的相似度。

对研究模型的主要解释变量进行相关性分析，得到 pearson 相关系数表 4.11：

表 4.11　　　　　　　　主要变量的相关性检验

变量	SH1	SOE	DS	IDR	MOR	Ins
SH1	1					
SOE	0.110	1				
DS	0.331	0.002	1			
IDR	0.087	0.900	0.03	1		
MOR	0.002	0.056	0.233	0.34	1	
Ins	0.040	0.007	0.120	0.034	0.122	1

通过表 4.11 发现，企业治理结构变量之间的相关系数明显小于 0.5，所以企业治理结构变量之间不存在严重相关性。有研究认为治理结构变量若存在较高的相关性，将会影响实证的验证结果，本书企业治理结构变量相关性不强，所以不存在上述影响。

四　实证结果

（一）研发投入水平（Ins）作为企业研发投入的指标变量

根据所建模型进行多元回归分析，考虑到研发投入可能存在滞后效益，引入滞后绩效指标 $Outper_{i,\ t+1}$、$Outper_{i,\ t+2}$ 来分别表示基于研发投入水平滞后 1、2 期的节能减排绩效，得实证回归结果表 4.12：

表 4.12　　　　　　　　研发投入水平实证检验表

变量	当期 Ec	当期 Se	滞后 1 期 Ec	滞后 1 期 Se	滞后 2 期 Ec	滞后 2 期 Se
$DP_1 \times Ins$	-0.9990** (0.1105)	-0.9103** (-0.1438)	-1.0934** (0.1745)	-0.9406** (0.2105)	-1.1671** (0.1573)	-1.1018** (0.2057)
$DP_2 \times Ins$	-0.6175*** (0.0848)	-0.5813*** (0.0759)	-0.4891*** (0.0913)	-0.5713*** (0.1006)	-0.7169*** (0.1281)	-0.7683*** (0.1381)
$DP_3 \times Ins$	-0.5813** (0.2148)	-0.5106** (0.2418)	-0.6104** (0.2719)	-0.6813** (0.3149)	-0.4180** (0.1973)	-0.3914** (0.1862)

续表

变量	当期 Ec	当期 Se	滞后1期 Ec	滞后1期 Se	滞后2期 Ec	滞后2期 Se
$DP_4 \times Ins$	-0.8027*** (0.1079)	-0.7493*** (0.1372)	-0.6813*** (0.1005)	-0.6105*** (0.0946)	-0.3038*** (0.0716)	-0.3281*** (0.0619)

注：( ) 内为 p 值，*** $p<0.01$，** $p<0.05$，* $p<0.1$。

由表4.12中的实证结果可知，纺织产业上市公司研发投入水平（Ins）与各节能减排政策（DP_j）的交叉项均在不同的水平下显著为负，即便在考虑到研发投入水平滞后性的实证结果中，相关交叉项的系数估计值符号和显著性水平也与当期估计值保持一致。这一结果说明研发投入水平的提高能够帮助国家节能减排政策更好地进行传递，从而进一步降低企业的单位能耗，并且其作用在滞后1、2期中仍然明显。至此，假说2得到了来自实证结果的部分支持。

（二）第一大股东持股比例（$SH1$）作为企业治理结构的指标变量

第一大股东持股比例回归结果见表4.13：

表4.13　　　　　　　　　第一大股东持股比例实证检验表

$Outper$	当期	当期	当期	1	1	1	2	2	2
$SH1$		-0.0008*** (-4.489)	-0.0007*** (-3.512)		-0.0007*** (-3.499)	-0.0005** (-2.117)		-0.0008*** (-3.277)	-0.0006** (-2.221)
year	控制	控制	控制	控制	控制	控制	控制	控制	控制
R^2	0.323	0.3544	0.3533	0.2227	0.2404	0.2433	0.187	0.2007	0.2023
R^2_a	0.322	0.343	0.340	0.209	0.226	0.230	0.166	0.184	0.187
F	29.82	29.56	27.23	16.33	16.17	15.66	11.78	11.88	11.02

注：*** $p<0.01$，** $p<0.05$，* $p<0.1$。

从表4.13结果来看，纺织产业上市公司第一大股东持股比例（$SH1$）与企业单位能耗在1%显著水平下通过检验，其系数为-0.0008，这表明第一大股东持股比例（$SH1$）与单位能耗存在显著负相关。这可能是因为在国家节能减排政策之下，假如第一大股东持股比例高，则其为保证自身长远利益，会更加关注企业长远发展，改善企业的节能减排效果，从而降低企业的单位能耗。综上，节能减排政策促使企业调整第一大股东持股比例来降低企业的单位能耗。

（三）企业所有权性质（SOE）作为企业治理结构的指标变量

同理得表4.14：

表4.14　　　　　　　　企业所有权性质实证检验表

Outper	当期	当期	当期	1	1	1	2	2	2
SOE		0.0132 ** (2.412)	0.0071 (1.211)		0.0099 (1.634)	0.0033 (0.537)		0.015⁸ ** (2.244)	0.0125 (1.62)
year	控制	控制	控制	控制	控制	控制	控制	控制	控制
R^2	0.332	0.3382	0.3445	0.2227	0.2264	0.2351	0.1822	0.1918	0.1932
R^2_a	0.321	0.329	0.335	0.209	0.214	0.219	0.166	0.175	0.176
F	29.62	27.64	26.03	16.33	14.98	14.25	11.78	11.18	10.25

注：*** $p<0.01$，** $p<0.05$，* $p<0.1$。

从表4.14结果来看，纺织产业上市公司企业所有权性质（SOE）与企业单位能耗在5%显著水平下通过检验，且系数为0.0132，这表明企业所有权性质（SOE）与单位能耗存在显著正相关。这可能是因为政府往往不具备相关专业知识、存在信息严重不对称的劣势，造成国有企业所有者主体失位的现象，而民营企业在该方面则具有明显优势。降低单位能耗具有高度专业性，在国有产权主体缺位的情况下，对于管理者监督会严重不到位，从而影响企业节能减排效果。综上，纺织企业因为国家政策的原因，通过调整企业的所有权性质，来改变节能减排的效果。

（四）董事会规模（DS）作为企业治理结构的指标变量

同理得表4.15：

表4.15　　　　　　　　董事会规模实证检验表

Outper	当期	当期	当期	1	1	1	2	2	2
DS		-0.0011 * (-1.685)	-0.0004 (-0.224)		-0.0017 (-1.013)	-0.0011 (-0.624)		-0.0013 (-0.623)	-0.0008 (-0.401)
year	控制	控制	控制	控制	控制	控制	控制	控制	控制

续表

Outper	当期	当期	当期	1	1	1	2	2	2
R^2	0.331	0.3321	0.3327	0.2227	0.2240	0.2253	0.1814	0.1820	0.1822
R^2_a	0.321	0.320	0.318	0.209	0.208	0.208	0.166	0.165	0.162
F	29.62	26.98	24.88	16.33	14.88	13.47	11.68	10.23	9.432

注：*** $p<0.01$，** $p<0.05$，* $p<0.1$。

从表 4.15 结果来看，纺织产业上市公司董事会规模（DS）与企业单位能耗在10%显著水平负相关，未能通过显著性检验。这表明董事会规模（DS）与单位能耗不存在显著负相关。这有可能是因为董事会规模发挥效果还受到如行业特征、企业规模、业务特点等具体环境因素的影响。综上，纺织产业上市公司董事会规模发挥效果受到其他因素影响，对降低单位能耗的效果并不显著。

（五）独立董事比例（IDR）作为企业治理结构的指标变量

同理得表 4.16：

表 4.16　　　　　　　　独立董事比例实证检验表

Outper	当期	当期	当期	1	1	1	2	2	2
IDR		0.033* (1.855)	0.0306 (0.651)		0.0240 (0.501)	0.0195 (0.365)		0.0711* (1.611)	0.1021* (1.634)
year	控制	控制	控制	控制	控制	控制	控制	控制	控制
R^2	0.3314	0.3308	0.3311	0.2227	0.2236	0.2236	0.1814	0.1852	0.1901
R^2_a	0.3210	0.3217	0.3161	0.209	0.208	0.208	0.167	0.165	0.166
F	29.62	26.66	24.80	16.32	14.61	13.27	11.68	10.43	9.932

注：*** $p<0.01$，** $p<0.05$，* $p<0.1$。

从表 4.16 结果来看，纺织产业上市公司独立董事比例（IDR）与企业单位能耗在10%显著水平正相关，未能通过显著性检验，这表明独立董事比例（IDR）与单位能耗不存在显著负相关。这可能是因为在我国大多纺织上市企业独立董事设置主要是为满足证监会相关要求，并不能完全发挥作用。很多学者认为，我国外部独立董事一般情况下不会反对经理层意见或行为，监管作用较弱。综上，纺织上市公司独立董事在降低单位能耗中很难发挥作用。

（六）经理层持股比例（MOR）作为企业治理结构的指标变量

由于纺织产业上市公司经理层持股主要存在持股与未持股两类，所以将以是否实施经理层持股为样本分组标准，同理得表4.17：

表4.17　　　　　　　　经理层持股实证检验表

Outper	当期	当期	1	1	2	2
是否持股	N	Y	N	Y	N	Y
MOR	-0.6755* (-1.922)	-1.1566*** (-2.191)	-0.6271 (-1.523)	-1.5989*** (-2.987)	-0.8953 (-1.597)	-1.2261* (-1.866)
year	控制	控制	控制	控制	控制	控制
R^2	0.2756	0.3966	0.1786	0.2729	0.1322	0.2434
R^2_a	0.2491	0.3727	0.148	0.266	0.105	0.261
F	10.33	20.66	5.61	11.20	3.44	9.332

注：*** $p<0.01$，** $p<0.05$，* $p<0.1$。

从表4.17结果来看，纺织产业上市公司经理层持股组别与企业单位能耗当期、滞后1、2期绩效呈负相关，分别在1%、5%、10%置信水平下检验通过。在经理层没有持股的样本中，与企业单位能耗的相关系数只有在当期10%的置信水平下通过。且通过分组研究，观察系数发现，纺织产业上市公司经理层持股确实具有降低企业单位能耗的作用。我们认为这是由于经理层持股是公司治理中的一种激励机制，能够有效地起到激励作用。让管理者成为企业股东，能够有效降低代理成本，做出最佳资源分配，从而提高节能减排绩效，降低单位能耗。综上，经理层持股可以有效降低企业单位能耗，是企业在国家政策之下对企业治理结构进行调整的结果。

第五节　小结

本章基于处在生命周期不同阶段的纺织产业，研究了国家节能减排政策的实施对于企业节能减排绩效的影响。通过建立理论框架及实证分析，主要得出以下结果：

第一，总体而言，节能减排政策对企业污染排放具有负向影响作用，即随着国家节能减排政策的实施，纺织企业的单位能耗和污染排放均有明显减少。因此，可以认为国家实施节能减排政策时，根据企业利润最大化原理，纺织企业会改变其结构和市场行为，从而改变企业的单位产出能耗绩效。

第二，不同时间的节能减排政策均具有一定的效果，但存在一定的差异。其中，2008—2017年间国家节能减排政策有效性普遍较高，对纺织企业的产出能耗和污染排放均有较显著影响。而另一方面，部分政策可能由于政策时滞，或企业内部调整周期较长等原因，导致在政策实施的较短观测期内企业产出能耗绩效变化不明显，即政策有效性有一定的个体差异。

第三，国家节能减排政策对纺织企业节能减排的影响，是通过诱致性技术变迁或诱致性制度变迁实现的，这些变迁提高了纺织产业的节能减排政策效果。具体而言，分析了企业治理结构和研发投入水平等因素对政策改变产业能耗的影响。其中，企业的研发投入水平、第一大股东持股比例、所有权性质、经理层持股等方面的完善优化增强了企业节能减排的效果，降低了单位能耗。而公司董事会规模、独立董事等因素对节能减排政策降低企业能耗的边际效应并不显著。

实证研究说明我国节能减排政策切实减少了产业污染能耗，而不同政策的出台及企业的异质性特征均对政策有效性产生重要影响。对此，政府应结合实际制定科学合理的节能减排政策方针，并积极引导产业优化升级，充分发挥产业组织优势，鼓励个体企业推动技术革新、完善制度结构，落实可持续发展。

第五章　纺织上市公司环境信息公开制度及其绩效评价

上一章针对不同生命周期的异质性纺织企业，探究了国家节能减排政策对纺织企业节能减排的影响，及其诱致性技术变迁和诱致性制度变迁这两种作用机制。随着《环境信息公开办法（试行）》（环令〔2008〕35号）于2008年5月1日正式实施，中国的企业环境信息披露制度正逐渐形成。环境信息披露制度作为一项与纺织产业密切相关的政策，其政策效果需要进一步检验，特别是新制度出台背景下新制度的经济效应。因此，本章节研究了纺织企业环境信息公开对经济绩效的作用机理。

第一节　机理研究与假说提出

企业在利用各种生产要素赢利时，也要关注社会绩效和环境绩效。当前，企业环境污染事故频繁发生，环境投诉以30%的速度增长，环境问题将有可能成为社会矛盾爆发因素之一，因此企业环境信息公开是至关重要的。环境信息公开是企业展示其履行环境义务行为和绩效的重要窗口，更是环保工作全局的基础性工作。企业通过公开环境信息向公众和投资者直观展示企业与产品的污染治理的过程、污染排放的结果、环境治理的后果，督促企业遵守环境法规、合理排放，通过技术改造和创新，来达到减少环境污染的目的。

除此之外，企业环境信息披露还能达到额外的经济绩效，主要体现在以下几个方面。第一，降低信息不对称。方颖和郭俊杰（2018）通过研究A股市场对各级环保部门公布的企业环境处罚信息的反应，表示环境信息披露等政策于金融市场中失效。提升公司治理：毕茜、彭珏、左永彦（2012）探讨了公司治理与企业环境信息披露之间的显著关系；李志斌（2014）则探讨了内部控制与企业环境信息披露之间的显著正相关关联；陈洪涛、束雯、王双英（2017）发现A股上市公司的公司规模、盈利能力、股权特征、流通股比例等与公司环境信息披露水平呈正相关关系；刘旭和安步木（Liu & Anbumozhi, 2009）以中国上市公司为例探讨了影响企业环境信息公开的原因，发现企业财经表现越好，越愿意进行环境信息披露，这样可以传达公司管理层公司治理好的积极信号。第二，融资约束。沈洪涛、游家兴和刘江宏（2010）发现企业进行环境信息披露可以显著的减少权益资本成本，可以更好地获得资本市场投资者的信任；吕明晗等（2018）从不完全契约理论出发以利益相关者关系视角，研究融资约束对企业环境信息披露的经济绩效的影响，发现金融性债务契约积极促进了企业披露环境信息；武恒光和王守海（2016）研究表明，环境绩效水平高的公司，其企业环境信息披露水平和信用利差显著负相关，信用评级显著正相关，而对于环境绩效水平较差的公司，环境信息披露水平与信用利差之间存在显著的正相关；张丹（Dan, 2010）发现企业进行社会责任信息披露的重要原因之一是为了节约融资成本。第三，提升公司价值。甘达（2018）发现碳排放信息的披露影响企业价值。政府监管放松：姚圣和周敏（2017）发现环境信息披露政策出台以后，企业更愿意为了获得政府补助而增加环境信息的披露，而不是冒着违规的风险；杜建国和张靖泉（2016）发现政府的监管概率、政府的监管成本、对虚假环境信息披露的惩罚、政府监管的收益、企业真实披露的收益等都会显著影响企业环境信息披露水平；沈洪涛和冯杰（2012）认为企业出于舆论监督和政府监管压力，为了获得更好的声誉和更少的被监管，采用环境信息披露的方式发出信号。企业声誉的需要：姚圣和李诗依（2017）发现在环境违法违规情况发生以后，国有非重污染企业环境信息披露会增加，力图挽回企业形象；国有重污染企业却减少了环境信息的披露，以免再次受到处罚。本书认为方颖和郭俊杰

(2018)的研究侧重在政府对企业环境信息的公开,而非企业环境自行的公开环境信息,因此,与其研究的角度有所差异。

综上,我们提出如下假说:

假说1:在不完善的金融市场中,由于信息不对称所造成的各类问题对企业进行环境信息的公开影响重大,因此信息不对称此因素能显著影响企业进行环境信息公开行为。

假说2:企业进行环境信息公开能够增加投资者认可度,并进而提升企业经济绩效。

假说3:企业进行环境信息公开可以通过改变企业所面临的融资约束问题和资产周转率等作用机制来影响企业的经济绩效。

第二节 研究设计

一 企业环境信息披露的影响因素研究:基于面板logit模型

现有研究表明,企业是否披露环境信息可能受诸多因素的影响,如企业经济绩效、信息不对称、董事会特征、股东特征和企业特征等都可能影响企业披露环境相关信息的决定,已有的研究主要采用抽样样本来对此问题进行研究,研究的样本时段也相对较短,从而使得研究所得结果的代表性较为有限。为避免这一问题,本书采取了将全部纺织行业中的企业作为研究样本,并选择了较长的样本时间维度,利用这一较大的面板数据来对相关假说进行实证检验。

通常对于面板数据而言,如果被解释变量为虚拟变量、受限制变量和计数变量等,则其属于非线性面板,线性面板的相关估计方法可能不再适用。考虑到本部分数据特征更加符合面板二值选择模型(Binary choice model for panel data),因此我们设计了如下的实证模型:

$$EID_{it} = c + \beta_1 IA_{it} + \beta_2 BC_{it} + \beta_3 SC_{it} + \beta_4 EC_{it} + \gamma_i + \lambda_t + \varepsilon_{it}$$

5-(1)

其中被解释变量 EID 是企业 i 在 t 年度是否以发布企业社会责任报告、可持续发展报告、环境责任报告等形式进行环境信息披露；解释变量是影响企业进行环境信息公开的相关原因，此处包括信息不对称（IA）、董事会特征（BC）、股东特征（SC）和企业特征（EC），具体相关指标定义详见表 5.1；γ_i 和 λ_t 为时间效应和固定效应；ε 为随机扰动项。

其中面板二值选择模型的估计方法包括固定效应估计、随机效应估计和混合回归，如果允许个体效应的存在，则应该使用随机效应或者固定效应模型，如果假设个体残差与某个解释变量相关，则随机效应也不能使用，固定效应提供了更为宽松的模型设定。由于非线性面板不便使用 FGLS 方法，因而大多研究采用 MLE 方法来对结果进行估计，或者说"条件最大似然估计"（conditional MLE），最大化此似然函数即得到对参数的随机效应 Logit 估计量（Random Effect Logit），可使用豪斯曼检验来在固定效应和随机效应之间选，如果二者的系数估计值相差较大（以二次型来衡量），则倾向于拒绝原假设，接受存在个体效应的替代假设。

二 企业环境信息披露政策出台对企业经济绩效的影响

对政策净效果的评价方法中，双重差分模型是较为常用的方法之一（陈林和伍海军，2015）。概括起来有如下几个方面的原因：（1）首先政策对于微观的经济主体而言一般是外生的，且可很大程度上避免内生性问题，因此逆向因果关系不存在。此外，遗漏变量的偏误问题可以使用固定效应估计来解决。（2）传统方法下评估政策效应，主要是通过设置一个政策发生与否的虚拟变量然后进行回归，相较而言，双重差分法的模型设置更加科学，能更加准确地估计出政策效应。（3）双重差分法的原理和模型设置很简单，容易理解和运用，并不像空间计量等方法一样让人望而生畏。综上，为更加准确地对假说 2 进行实证探究，此处我们设计了如下的基准模型和双重差分模型来对假说 2 进行实证分析：

$$CEP_{it} = c + \beta_1 Eid_{it} + \beta_2 BC_{it} + \beta_3 SC_{it} + \beta_4 EC_{it} + \gamma_i + \lambda_t + \varepsilon_{it}$$
5-（2）

$$CEP_{it} = c + \beta_1 Eid_{it} + \beta_2 Textile_{it} + \beta_3 Eid_{it} \times Textile_{it} + \beta_4 BC_{it} + \beta_5 SC_{it} + \beta_6 EC_{it} + \gamma_i + \lambda_t + \varepsilon_{it}$$
5-（3）

其中 CEP 为企业经济绩效，分别用资产收益率 ROA、净资产收益率 ROE、股票收益率 SR、营业成本率 CR、营业净利润率 PR 和净利率占比 NPR 作为其指标变量；$Textile$ 为实验组指标变量；其余变量定义同前。

三 企业环境信息披露影响企业经济绩效的机制研究：渠道效应分析

在一般的政策评估框架下，研究者只需要两个主要变量——被解释变量和政策处理变量，再加上一些控制变量。然后，通过反事实的框架来研究政策效应，通过准实验的方式来重新构建一个对照组和参与组样本，在此部分，本研究试图对于其具体传导机制进行研究检验。在解释变量与被解释变量之间机制作用的传统研究中，中介效应和调节效应的方法一直是常用的研究方法。已有的研究也发现，融资约束和资产周转率可能会影响企业环境信息公开对企业经济绩效的效果，本书也对这两个影响渠道进行分析。解释变量对被解释变量的影响除了直接作用外，还可以通过中介变量间接影响，中介效应研究的思路如下公式所示。

$$y_i = \alpha_0 + \alpha_1^1 * x_i + \sum \beta_j * control_{ij} + \varepsilon_i$$

$$mediator_i = \alpha_0 + \alpha_1^2 * x_i + \sum \beta_j * control_{ij} + \varepsilon_i$$

$$y_i = \alpha_0 + \alpha_2^1 * mediator_i + \sum \beta_j * control_{ij} + \varepsilon_i$$

$$y_i = \alpha_0 + \alpha_1^3 * x_i + \alpha_2^2 * mediator_i + \sum \beta_j * control_{ij} + \varepsilon_i$$

传统的估计方法是 Baron-Kenny 步骤，在 α_1^1 显著的情况下，如果 α_1^2 和 α_2^1 都显著，则可以认为中介效应存在，但是这种方法被认为低效，并不需要三个系数都显著。但 Imai et al.（2010）提出了一个平均因果中介效应（Average Causal Mediation Effect, ACME），使用

bootstrap 避免不确定性。

四 数据来源与变量定义

（一）变量定义

控制变量。在控制变量的选择上，遵循已有相关文献，主要发现企业经济绩效、信息不对称、董事会特征、股东特征、企业特征等几个方面会影响企业经济绩效，当解释变量和控制变量也相关时，这些控制变量不能被遗漏，需要纳入研究模型。

姚圣、杨洁和梁昊天（2016）认为在考虑环境管制空间异质性情况下，地理区位对企业环境信息公开的影响也非常明显，非国有上市企业距离政府环境管理部门的监管者越远，环境信息披露得越少，国有上市公司没有这种关系。苑泽明和王金月（2015）发现信息公开制度有助于提高企业环境信息披露水平，不过行业差异不显著。李强和冯波（2015）发现上市公司的环境信息披露呈现出行业、地区异质性，政治关联会影响企业的环境信息披露。

股权集中度。起源于20世纪70年代，国内外学者对此主题的研究主要从股权集中度和股权性质两个方面去进行。首先，关于股权集中度而言，大部分的国外学者认为大股东持股比例与企业信息披露水平呈负相关关系。沙得维茨（Schadewitz，2000）对机构投资者所持有的股权与环境信息披露之间的相关性关系进行深入研究，最终发现两者呈负相关关系；布拉默（Brammer，2006）的研究显示，英国大型企业的股权集中度与企业披露的环境信息呈负相关关系；科米尔和歌顿（Cormier & Gordon，2003）从法国企业着手研究得出同样结论；克林顿（Clinton，2014）表明当多股东对第一大股东有制约能力，可通过多种方式以降低第一大股东的股权集中度，从而提升环境信息披露的质量。其次为股权性质的研究，科米尔和歌顿（Cormier & Gordon，2003）从比较私有电力公司和国有控股电力公司着手研究，表明国有企业披露环境信息意愿更强烈。因此，得出股权性质会影响环境信息披露水平此结论。而从国内研究而言，环境信息披露等研究在国内起步较晚且较少。但随着社会经济发展，大众越来越关注环境问题,学者纷纷投入研究。在股权集中度方面,我国大部分学者认为环境信息披露水平与股权集中度呈正相关:舒岳(2010)抽取了139家A股上市公司,并对此分行业检验,表明股权集中度与环境信息披露水平呈现显著的正相关关系;黄珺和周春娜(2012)采用委托代理理论,主要研究了沪市重污染行业,表明控股股东持股比例与企业环境信息披露呈正相关关系;汤亚莉等(2006)利用2001年和2002年度董事会报告中披露环境信息的60家上市企业作样本,采用了多元线性回归方式对环境信息披露影响因素进行了研究,利用实证检验公司规模、公司绩效是否影响上市公司的环境信息披露,结果验证其三个假设的正确性,上市公司资产规模、绩效与环境信息披露水平正相关。但有部分学者并不认同此观点。牛建波等(2013)认为,股权集中度和企业环境信息披露无显著相关关系;王田、胡立新和肖田(2010)的研究表明,股权集中度和企业环境信息披露负相关;李晚金(2008)以A股市场上市公司为样本,研究表明直接控股股东性质、股权高度集中度、独立董事比例等因素并没有对环境信息披露有显著影响;张宁(2017)以重污染行业的上市公司作样本进行实证检验,得出控股股东持股比例与碳会计信息披露质量呈负相关关系。

股权性质。在我国,学者们普遍认为股权性质为国有企业,其环境信息披露的水平将更高。张杨等(2010)认为国有企业需要承担更多社会责任,于是国有企业对披露环境信息更具意愿;毕茜等(2012)发现国有控股的企业中,其规章制度对企业环境信息披露有促进作用;王琼(2012)以我国采掘业为样本,得出其行业上市公司国有控股性质与环境信息披露水平正相关;陈共荣等(2011)实证得出国有企业的公司治理对环境信息披露质量的促进作用更强。

管理层持股比例。学界存在两种观点,一种认为管理层拥有公司股票时,其利益与公司一致,即增加管理层持股比例有助于公司治理从而提高会计信息披露质量。代表性人物Warfield等(1995)提出,管理人员持股会降低代理人成本,同时也减少经理操纵虚假盈利报表的可能性。亚当(Adam,2002)对英、德两国制药与化工行业的7个跨国公司进行研究表明治理结构特征能解释社会责任报告的发布。

阿什博（Ashbaugh，2006）研究发现管理层对内部控制缺陷发现的动力与机构投资者的持股比例呈正相关关系；伊志宏、姜付秀和秦义（2010）研究公司治理、产品市场和竞争信息披露三者关系发现产品市场与公司治理对信息披露的影响呈互补的关系。高敬忠和周晓苏（2013）以 A 股上市公司为例，表明管理层持股比例和持股价值与自愿性选择的披露方式的精确性和及时性呈正相关关系，并逐步趋于稳健状态；尹开国、汪莹莹和刘小芹（2014）表明管理层持股利于代理成本的降低，进而鼓励企业社会责任的履行和披露水平的提高从而提升投资者的保护程度，认为管理层持股比例与社会责任信息披露水平呈正相关关系。朱晋伟和李冰欣（2012）对 A 股食品行业上市公司研究发现：独立董事，规模与公司披露的社会责任信息呈正相关关系；且公司财务杠杆越低，企业的社会责任信息披露度越高，同时表明企业的性质对其无显著影响。王雄元和刘焱（2008）的研究表明，信息披露的质量与行业的竞争程度高低有关，竞争劣势的公司更具有动机去提升信息披露的质量，并且竞争强度的增加并不会显著对信息披露质量有影响。

而另外一种观点是代表性人物为詹森和鲁巴克（Jensen & Ruback，1983）提出的掠夺性观点。认为当管理层拥有过多股权时，则代表其对公司有一定影响力和控制力，可采取使自身利益最大化而背离公司价值最大化的行动，进行破坏公司内部的机制，降低公司会计信息的披露质量。

表 5.1　　　　　　　　　　　变量定义

类别	变量	定义
企业经济绩效	ROA	净利润/总资产余额
	ROE	净利润/平均股东权益
	SR	每股派息税后/收盘价本期值
	OR	营业成本/营业收入
	PR	（营业收入−营业成本）/营业收入
	NPR	净利润占总利润比重

续表

类别	变量	定义
信息不对称（IA）	largestholder	第一大股东持股比例
	seperation	两权分离度，所有权与控制权差值
	property	实际控制人拥有上市公司所有权比例
董事会特征（BC）	dual	董事长和总经理是否为同一人，是则为1
	lnboard	董事会规模的自然对数
	independent	独立董事占董事会的比例
股东特征（SC）	ownership	大股东性质，国企为1，否则为0
	mshare	管理层持股比例
企业特征（EC）	lev	负债合计/资产总计
	lnsize	企业规模的自然对数
	lnage	企业上市年限的自然对数
	lnemployee	员工总数的自然对数

（二）数据来源

本部分所使用数据来源于国泰安经济金融数据库（CSMAR）①，从表5.2可以看出，纺织行业上市公司从2006年开始进行独立的环境信息披露，本部分的环境信息披露数据采用企业本年度是否发布独立的企业社会责任报告、可持续发展报告、企业环境报告等。

2008年环境信息披露政策出台以后，企业进行环境信息披露的数量明显增加，2010年开始环境信息披露的公司比例稳步上升，虽然部分年份数据有轻微反复，不影响总体趋势。

表5.2　　　　　　　历年纺织企业上市公司样本分布

年份	企业个数	环境信息披露
2003	23	0

---

① CSMAR经济金融研究数据库是借鉴芝加哥大学CRSP、标准普尔Compustat、纽约交易所TAQ、I/B/E/S、Thomson等国际知名数据库的专业标准，并结合中国实际国情开发的经济金融型数据库，国内外超过1000所知名大学与金融机构、15000名专家学者的33000多篇高质量的学术论文采用CSMAR数据库数据在国内外期刊发表。

续表

年份	企业个数	环境信息披露
2004	27	0
2005	29	0
2006	33	1
2007	35	3
2008	38	8
2009	42	7
2010	51	11
2011	57	13
2012	62	18
2013	65	19
2014	66	13
2015	73	14
2016	73	16
Total	674	123

表5.3　各地区纺织企业上市公司环境信息公开情况数据表

省份	样本	环境信息公开年报
上海	57	8
内蒙古	12	0
北京	21	1
四川	23	0
宁夏	13	1
安徽	26	9
山东	74	9
广东	44	5
江苏	99	4
河北	21	1
河南	25	8
浙江	149	42
海南	9	0
湖北	14	0

续表

省份	样本	环境信息公开年报
湖南	22	0
甘肃	13	0
福建	52	36
总计	674	123

如果将不同年份的上市公司数据混在一起（因为上市公司主营业务存在变更的可能，所以采用单独某一年数据难以有说服力，数据属于一个非平衡性面板，所以采用混合数据更具有说服力），研究总样本中企业分布情况，会发现东南沿海地区是上市公司最为集中的地区，特别是长三角地区，这也与中国纺织产业的真实整体分布相一致。A股上市公司分布情况见表5.2，A股上市纺织企业发布年度环境信息公开报告情况见表5.3。内蒙古、四川、海南、湖北、湖南、甘肃等地的纺织企业从未单独发布企业环境信息年报。

五 描述性统计

本部分的主要变量描述性统计见表5.4。其中，数据为不平衡面板数据，一定程度上是企业上市时间的先后导致了这种结果，鉴于数据可得性不足，本研究没有对缺失部分数据的企业进行删除，使用非平衡面板处理估计方法进行估计。通过与已有的研究对比，可以发现纺织行业上市公司的数据存在一些特殊性，同时也与已有研究相一致。纺织产业的 ROA 和 ROE 相对不高，这可能与纺织产业进入门槛低、市场集中度不高、竞争性强和传统产业的性质有关，这一点从营业成本率较高、营业毛利率较低体现。纺织产业上市公司的大股东持股比例均值35.04%，管理层持股比例平均为12%，与A股平均水平有所差异，体现出纺织产业上市公司治理的独特性。只有23%的企业董事长和总经理为同一人，这与初创型和成长型企业有较大不同。在改革开放初期传统服装企业主要为国营，表中数据显示只有25%的企业为国有企业，市场之手在资源配置中发挥了决定性作用。企业杠杆率平均为41%,说明纺织企业杠杆率相对合理,不过也有企业高达89%,风险程度较高。

表 5.4　　　　　　　　　变量描述性统计

变量	个数	均值	中位数	标准差	最大值	最小值
ROA	674	0.03	0.03	0.07	0.3	−0.9
ROE	622	0.05	0.06	0.13	0.51	−1.21
SR	654	0.01	0	0.01	0.09	0
OR	674	0.76	0.79	0.16	1.4	0.29
PR	674	0.24	0.21	0.16	0.71	−0.4
NPR	674	0.8	0.81	0.45	7.4	−5.08
Largestholder	674	35.04	33.43	15.06	92.26	6.8
Separation	641	6.22	0.99	8.12	39.43	0
proprietary	608	32.85	29.09	19.91	92.26	0.24
dual	674	0.23	0	0.42	1	0
lnboard	669	2.16	2.2	0.2	2.77	1.61
independent	669	0.37	0.33	0.06	0.67	0.15
ownership	674	0.25	0	0.43	1	0
mshare	653	0.12	0	0.21	0.81	0
lev	674	0.41	0.4	0.18	0.89	0.02
lnsize	674	21.44	21.38	0.88	24.02	19.02
lnage	674	1.65	1.79	0.93	3.14	0
lnemployee	671	8.01	8.06	1.04	10.74	4.06

第三节　实证结果

一　信息不对称对企业环境信息公开的影响

表 5.5　　　　　企业环境信息公开原因的面板 logit 估计

变量	(1) 固定效应	(2) 随机效应	(3) 固定效应	(4) 随机效应	(5) 固定效应	(6) 随机效应
largestholder	0.126*** (3.22)	0.0834*** (2.86)				

续表

变量	(1) 固定效应	(2) 随机效应	(3) 固定效应	(4) 随机效应	(5) 固定效应	(6) 随机效应
seperation			0.176*** (2.79)	0.118** (2.56)		
property					0.0359 (1.23)	0.0257 (1.15)
dual	−1.667* (−1.95)	−1.318* (−1.85)	−1.619* (−1.90)	−1.289* (−1.84)	−2.726** (−2.54)	−2.156*** (−2.60)
lnboard	−2.994 (−1.18)	0.332 (0.16)	−1.983 (−0.74)	0.741 (0.36)	−1.986 (−0.78)	1.733 (0.84)
independent	−8.232 (−1.19)	−4.613 (−0.80)	−8.844 (−1.20)	−2.852 (−0.50)	−8.886 (−1.25)	0.273 (0.05)
ownership	1.182 (1.01)	−0.573 (−0.52)	0.667 (0.58)	−0.476 (−0.44)	0.325 (0.25)	−1.917 (−1.61)
mshare	8.529 (1.61)	2.386 (0.89)	4.954 (1.18)	3.026 (1.10)	1.572 (0.33)	−0.0943 (−0.04)
Lev	2.045 (0.75)	0.675 (0.37)	1.922 (0.70)	0.743 (0.36)	4.407 (1.45)	2.090 (0.95)
lnsize	0.101 (0.13)	0.497 (0.81)	0.148 (0.19)	0.588 (0.97)	−0.674 (−0.80)	0.256 (0.41)
lnage	2.634*** (2.70)	1.142* (1.88)	1.688* (1.96)	0.606 (1.10)	1.494* (1.78)	0.514 (0.94)
lnemployee	−0.0244 (−0.03)	0.366 (0.66)	0.537 (0.67)	0.584 (1.03)	1.124 (1.18)	0.849 (1.49)
Time	Yes	Yes	Yes	Yes	Yes	Yes
lnsig2u		3.318*** (8.91)		3.240*** (8.67)		2.869*** (7.43)
Constant		−23.98** (−2.20)		−26.08** (−2.39)		−24.41** (−2.15)
Observations	193	574	193	550	181	524
企业个数	20	74	20	74	19	73
LR test		164.60***		155.83***		142.66***

注：Robust t-statistics in parentheses; *** $p<0.01$, ** $p<0.05$, * $p<0.1$。

从表 5.5 中 LR 检验结果可以看出，个体效应是存在的，所以混合回归结果不具有参考性，表中考虑到空间有限就没有提供。本书也进行了固定效应和随机效应检验之间选择的 hausman 检验，发现更倾向于固定效应下的模型。从表中结果可以发现，大股东持股比例越高，企业越倾向于公布环境信息，这可能是因为对于上市公司，如果大股东对董事会控制越强、对企业管理层的干预越强，其他投资者可能越会关注大股东掏空行为和关联交易问题，导致大股东需要通过释放公开透明的信号来表现自己。但是本书也发现实际控制人持股比例越高，并不意味着环境信息公开越好，结合大股东持股对企业环境信息公开的显著影响，本书认为实际控制人更多的是考虑公司的盈利能力，而更少地从企业社会责任的角度思考问题。

两权分离程度越高的企业，越倾向于进行环境信息公开，这也是因为两权分离后，委托代理问题更加严重，信息不对称现象越严重，越需要通过环境信息公开降低不对称。管理层和董事会都有进行信息沟通的倾向，企业环境信息公开就是一个非常好的表达渠道，这一点也可以从董事长和总经理为同一人的时候更少地进行环境信息公开来表现。另外，公司上市年限越长，越可能进行环境信息公开。这些结果一方面展现出影响企业环境信息公开决策的最主要因素可能是公司治理，另一方面也验证了假说1。为了结果的稳健性，本书也进行了面板二值选择Probit估计，结果基本与面板二值选择Logit结果一致。

二　企业环境信息公开对企业经济绩效的影响

（一）基准模型

从表5.6中可以发现，企业进行环境信息公开可以提升企业ROA、ROE、股票收益率和毛利率，降低企业营运成本，但是对净利润占比没有任何显著的影响。模型同时控制了个体和时间固定效应，采用稳健标准误处理可能存在的异方差和自相关问题，F检验都是显著的，数值大小受研究问题和数据特征影响，与已有研究对比也发现同样特征。环境信息公开可以让企业站在道德制高点，得到更多投资从而节约融资成本，得到消费者认可从而拿到更多订单、销售额增加，得到政府环保部门和ENGOs的认可从而减少监管。

表中结果均为固定效应交易下的估计结果，本书也对固定效应模型、随机效应模型和混合效应模型进行检验，发现固定效应估计结果更稳健可靠。企业进行环境信息公开，获得了更多股市投资者认可，从（3）可以验证假说2。企业进行环境信息公开有一定的成本，虽然提高了毛利润，但是净利润占总利润比例显著下降，营业成本率有一定下降，从固定效应结果看，提高了 ROA 和 ROE。

表 5.6　　　　　　　环境信息公开的企业经济绩效

变量	(1) ROA	(2) ROE	(3) SR	(4) OR	(5) PR	(6) NPR
eid	0.0305*** (3.19)	0.0467** (2.64)	0.00379* (1.77)	−0.0258** (−2.20)	0.0258** (2.20)	0.00508 (0.12)
dual	−0.00373 (−0.38)	−0.00372 (−0.14)	−0.00100 (−0.91)	0.0266 (1.44)	−0.0266 (−1.44)	0.0233 (0.98)
lnboard	0.0524* (1.92)	0.0704 (0.96)	−0.00413 (−1.55)	0.0116 (0.23)	−0.0116 (−0.23)	−0.371 (−1.35)
independent	0.254** (2.19)	0.497* (1.95)	−0.00897 (−0.92)	0.0201 (0.18)	−0.0201 (−0.18)	−0.176 (−0.25)
ownership	−0.0213 (−0.76)	−0.0965 (−1.36)	−0.00138 (−0.56)	0.0244 (0.86)	−0.0244 (−0.86)	0.000130 (0.00)
mshare	0.0401 (0.82)	0.179 (1.40)	−0.00778 (−0.63)	−0.0235 (−0.32)	0.0235 (0.32)	0.0717 (0.20)
lev	0.102*** (2.68)	−0.0845 (−0.74)	−0.00478 (−1.18)	0.0208 (0.85)	−0.0208 (−0.85)	−0.0413 (−0.40)
lnsize	−0.0329*** (−3.11)	−0.0346 (−1.49)	0.00393** (2.54)	0.0120 (0.80)	−0.0120 (−0.80)	0.0835 (1.50)
Lnage	−0.0133 (−1.59)	−0.00538 (−0.22)	−0.00574*** (−3.18)	−4.09e−05 (−0.00)	4.09e−05 (0.00)	0.121 (1.51)
lnemployee	0.0116 (1.34)	0.0219 (1.16)	−0.000439 (−0.48)	−0.0444* (−1.80)	0.0444* (1.80)	−0.103* (−1.81)
Constant	0.423** (2.01)	0.314 (0.64)	−0.0457 (−1.51)	0.803*** (3.25)	0.197 (0.80)	0.281 (0.24)
Time	Yes	Yes	Yes	Yes	Yes	Yes
Observations	574	574	558	574	574	574
R-squared	0.198	0.127	0.186	0.093	0.093	0.046
企业个数	74	74	74	74	74	74
F	3.817***	2.245***	5.026***	2.546***	2.546***	1.923***

注：括号内为聚类稳健标准误；*** $p<0.01$，** $p<0.05$，* $p<0.1$。

（二）双重差分模型

本部分以制造业非重污染企业为对照组（因为政策只对重污染企业有影响），从 2008 年开始的环境信息公开政策对企业经济绩效结果见表 5.6，Diff 变量的系数表示政策的净效果。政策出台前后，所有样本企业的 ROA 有显著的提升，表明企业的盈利能力和竞争力逐渐增强，而股票收益率有所下降，说明资本市场变得更为谨慎，这可能跟 2008 年前后全球范围的金融危机有关。通过变量 textile 前面的系数可以看出，纺织行业有着更低的毛利率和更高的成本，这可能跟纺织行业进入门槛低、市场集中度低和传统产业特征有关，同时在 ROA、ROE 和股票收益率等方面也有所体现，虽然统计意义上并不显著。通过对企业环境信息公开政策出台前后双重差分估计的研究见表 5.7，可以认为假说 2 和假说 3 都得到一定程度的印证。政策的执行提高了纺织企业金融市场认可度，更容易从股市获取资金；另一方面因为环境信息公开会增加企业成本，所以提高了毛利率的同时，降低了净利润占比，虽然总体来看营业成本率在降低，对 ROA 和 ROE 只有微弱的效果，统计意义上并不显著。

表 5.7　环境信息公开政策影响企业经济绩效的双重差分估计

变量	（1）ROA	（2）ROE	（3）SR	（4）OR	（5）PR	（6）NPR
eid	0.0156*** (2.59)	0.0291 (1.60)	−0.00173* (−1.76)	0.00502 (0.82)	−0.00502 (−0.82)	0.0915* (1.73)
Textile	−0.0112 (−1.11)	−0.0242 (−0.48)	−0.000915 (−0.60)	0.0321* (1.76)	−0.0321* (−1.76)	0.0400 (0.84)
Diff	0.00932 (0.93)	0.0198 (0.39)	0.00322** (2.35)	−0.0393** (−2.20)	0.0393** (2.20)	−0.0958* (−1.96)
Dual	0.00101 (0.39)	0.00784 (1.26)	−0.000327 (−0.65)	−0.0134** (−2.07)	0.0134** (2.07)	0.00908 (0.23)
Lnboard	−0.0103 (−0.86)	−0.0327 (−1.35)	−0.000332 (−0.23)	−0.00135 (−0.08)	0.00135 (0.08)	−0.0628 (−1.20)
independent	−0.0268 (−0.92)	−0.0736 (−0.94)	−0.0115*** (−2.84)	−0.0594 (−1.03)	0.0594 (1.03)	−0.197 (−0.60)
ownership	−0.00431 (−0.78)	0.0331 (1.21)	−0.00249*** (−3.62)	0.0114 (1.36)	−0.0114 (−1.36)	−0.00719 (−0.30)
Mshare	0.0143** (2.03)	0.0351** (2.02)	−0.00144 (−1.26)	−0.0768*** (−3.77)	0.0768*** (3.77)	−0.0644 (−0.89)
Lev	−0.0771*** (−5.38)	−0.0509 (−0.61)	−0.0113*** (−7.64)	0.217*** (11.39)	−0.217*** (−11.39)	0.113 (0.99)
Lnsize	0.00385 (0.98)	0.0130 (1.42)	0.00286*** (6.31)	−0.00239 (−0.57)	0.00239 (0.57)	−0.00530 (−0.29)
Lnage	−0.00882*** (−3.82)	−0.0167*** (−2.73)	−0.00101*** (−3.31)	0.0139*** (3.80)	−0.0139*** (−3.80)	0.0180 (0.95)

续表

变量	(1) ROA	(2) ROE	(3) SR	(4) OR	(5) PR	(6) NPR
lnemployee	0.00995*** (3.28)	0.00401 (0.34)	0.00106*** (3.14)	0.00747* (1.94)	-0.00747* (-1.94)	-0.0197* (-1.80)
Constant	-0.0576 (-1.22)	-0.144 (-0.82)	-0.0455*** (-6.19)	0.686*** (9.10)	0.314*** (4.16)	1.223*** (3.64)
Time	Yes	Yes	Yes	Yes	Yes	Yes
Observations	6028	6028	5849	6027	6027	6028
R-squared	0.054	0.003	0.188	0.301	0.301	0.008
F	13.49***	6.686***	20.86***	25.80***	25.80***	2.258***

注：Robust t-statistics in parentheses *** $p<0.01$, ** $p<0.05$, * $p<0.1$。

三 渠道效应分析

本部分采用融资约束、固定资产周转率作为中介变量，采用bootstrap自抽样500次估计直接效应、间接效应和稳健标准误。从表5.8的Direct系数结果来看，企业的环境信息公开对ROA、ROE、SR、CR、PR和NPR等指标都有显著的直接影响，这与前文研究结果相一致。同时，融资约束对ROA、ROE、股票收益率、营业成本率、毛利润率存在显著的影响，融资约束是约束企业进行投资的重要因素之一，融资约束问题在我国中小微企业特别显著，可能可以从信息不对称、金融市场和企业内部因素等多个角度展开分析。

表5.8　　　　　　　机制探讨：融资约束

变量	(1) ROA	(2) ROE	(3) SR	(4) OR	(5) PR	(6) NPR
Eid	0.0335 (0.86)	0.121 (1.63)	0.00405 (0.40)	0.0498 (0.86)	-0.0498 (-0.86)	-0.285 (-1.34)
test1	-0.000977 (-0.10)	-0.0204 (-1.05)	-8.19e-05 (-0.04)	-0.0199 (-1.34)	0.0199 (1.34)	0.0769 (1.38)
constraints	0.0492*** (4.27)	0.169*** (5.38)	0.00327* (1.67)	-0.0425*** (-2.84)	0.0425*** (2.84)	0.0253 (0.48)
Dual	-0.00373 (-0.38)	-0.00368 (-0.14)	-0.000949 (-0.86)	0.0266 (1.50)	-0.0266 (-1.50)	0.0232 (0.94)

续表

变量	(1) ROA	(2) ROE	(3) SR	(4) OR	(5) PR	(6) NPR
Lnboard	0.0481*	0.0592	-0.00441*	0.0197	-0.0197	-0.389
	(1.86)	(0.81)	(-1.76)	(0.40)	(-0.40)	(-1.34)
independent	0.232**	0.424*	-0.0102	0.0409	-0.0409	-0.195
	(2.05)	(1.75)	(-1.03)	(0.38)	(-0.38)	(-0.27)
ownership	-0.00737	-0.0511	-0.000554	0.00949	-0.00949	0.0180
	(-0.33)	(-0.98)	(-0.27)	(0.44)	(-0.44)	(0.24)
Mshare	0.0177	0.0912	-0.00895	-0.0177	0.0177	0.111
	(0.35)	(0.78)	(-0.73)	(-0.22)	(0.22)	(0.29)
Lev	0.106**	-0.0724	-0.00518	0.0145	-0.0145	-0.0290
	(2.64)	(-0.69)	(-1.33)	(0.58)	(-0.58)	(-0.30)
Lnsize	-0.0770***	-0.184***	0.00115	0.0536**	-0.0536**	0.0479
	(-4.80)	(-5.10)	(0.82)	(2.60)	(-2.60)	(0.92)
Lnage	-0.0159**	-0.0154	-0.00592***	0.00115	-0.00115	0.124
	(-2.19)	(-0.68)	(-3.34)	(0.09)	(-0.09)	(1.53)
lnemployee	0.0115	0.0219	-0.000373	-0.0443*	0.0443*	-0.104*
	(1.43)	(1.29)	(-0.41)	(-1.83)	(1.83)	(-1.81)
Constant	1.235***	3.042***	0.00428	0.0233	0.977***	0.994
	(3.90)	(4.30)	(0.15)	(0.07)	(2.96)	(0.81)
Time	Yes	Yes	Yes	Yes	Yes	Yes
Observations	574	574	558	574	574	574
R-squared	0.245	0.238	0.194	0.123	0.123	0.048
企业个数	74	74	74	74	74	74
F	6.486	5.782	5.484	2.475	2.475	1.694
indirect	0.0032**	0.0102**	0.0000	-0.0032	0.0032	0.0025
	(0.0014)	0.0049	0.0001	0.0023	0.0021	0.0030
Direct	0.0123**	0.0253**	0.0056***	-0.0384***	0.0384**	0.0891*
	(0.0058)	0.0119	0.0014	0.0144	0.0161	0.0505

注：Robust t-statistics in parentheses *** $p<0.01$, ** $p<0.05$, * $p<0.1$。

企业环境信息公开程度越强，ROA、ROE、股票收益率和毛利率也越高，融资约束越强，企业的营业成本率越低，这可能跟本研究中使用的融资约束指标有一定关系。从中介效应的间接效应结果 indirect 系数来看，环境信息公开通过融资约束，对 ROA 和 ROE 有显著的提升作用，即环境信息公开不仅对 ROA 和 ROE 有直接提升作用，还存在间接提升。为提升环境信息公开的经济绩效，可能要强化融资约束的中介作用渠道。

从表 5.9 的 Direct 系数结果来看，企业的环境信息公开对 ROA、ROE、股票收益率、营业成本率、毛利润率、净利润占比等指标都有显

表 5.9　　　　　　　　机制探讨：固定资产周转率

变量	(1) ROA	(2) ROE	(3) SR	(4) OR	(5) PR	(6) NPR
Eid	0.0344*** (3.42)	0.0601*** (2.84)	0.00376 (1.45)	−0.0332** (−2.20)	0.0332** (2.20)	0.0993 (0.94)
test2	−0.00150 (−1.18)	−0.00486 (−1.52)	−2.11e−06 (−0.01)	0.00254 (0.99)	−0.00254 (−0.99)	−0.0284 (−0.94)
turnover	0.0031*** (3.45)	0.00825*** (3.59)	0.000106 (1.25)	−0.00313* (−1.68)	0.00313* (1.68)	0.00425 (0.60)
Ldual	−0.00353 (−0.35)	−0.00309 (−0.12)	−0.000978 (−0.90)	0.0262* (1.67)	−0.0262* (−1.67)	0.0261 (1.14)
llnboard	0.0484* (1.82)	0.0602 (0.83)	−0.00428 (−1.59)	0.0151 (0.31)	−0.0151 (−0.31)	−0.363 (−1.32)
lindependent	0.244** (2.12)	0.473* (1.85)	−0.00933 (−0.95)	0.0286 (0.26)	−0.0286 (−0.26)	−0.161 (−0.23)
lownership	−0.0226 (−0.84)	−0.100 (−1.45)	−0.00141 (−0.59)	0.0259 (0.95)	−0.0259 (−0.95)	−0.00672 (−0.11)
lmshare2	0.0396 (0.81)	0.178 (1.39)	−0.00780 (−0.63)	−0.0223 (−0.29)	0.0223 (0.29)	0.0551 (0.15)
Llev	0.0991** (2.61)	−0.0922 (−0.79)	−0.00491 (−1.19)	0.0235 (1.01)	−0.0235 (−1.01)	−0.0376 (−0.36)
Llnsize	−0.0336*** (−3.32)	−0.0368 (−1.64)	0.00389** (2.55)	0.0128 (0.87)	−0.0128 (−0.87)	0.0811 (1.48)
Llnage	−0.00977 (−1.29)	0.00394 (0.17)	−0.0056*** (−3.15)	−0.00359 (−0.28)	0.00359 (0.28)	0.127 (1.47)
llnemployee	0.0158* (1.77)	0.0333* (1.67)	−0.000272 (−0.28)	−0.0488* (−1.98)	0.0488* (1.98)	−0.0943* (−1.68)
Constant	0.396* (1.97)	0.238 (0.52)	−0.0467 (−1.54)	0.833*** (3.38)	0.167 (0.68)	0.202 (0.16)
Time	Yes	Yes	Yes	Yes	Yes	Yes
Observations	574	574	558	574	574	574
R-squared	0.230	0.172	0.188	0.113	0.113	0.050
企业个数	74	74	74	74	74	74
F	7.611	3.071	4.808	2.991	2.991	1.874
indirect	−0.001769** 0.0008124	−0.003250* 0.0017015	0.000078 0.0000802	0.003439 0.0022115	−0.003439* 0.0020704	0.000393 0.0026107
Direct	0.01728*** 0.0054433	0.038787*** 0.0105273	0.005527*** 0.005527	−0.04498*** 0.0164552	0.044978*** 0.0150957	0.0911802 0.054978

注：Robust t-statistics in parentheses *** $p<0.01$，** $p<0.05$，* $p<0.1$。

著的直接影响作用，这与前文研究结果相一致，同时固定资产周转率对 ROA、ROE 和营业成本率都有显著影响。作为固定资产利用率的衡量指标，表示在一个会计年度内企业销售收入与固定资产净值的比率、固定资产周转次数，固定资产周转率越高，公司的 ROA 和 ROE 也越高，公司的营业成本率越低。从中介效应的间接效应结果 indirect 系数来看，环境信息公开通过固定资产周转率，对 ROA、ROE 和企业盈利能力有显著的抑制作用，即环境信息公开不仅对 ROA 和 ROE 有直接提升作用，还存在间接抑制。为进一步提升环境信息公开的经济绩效，可能需要减弱固定资产周转率的中介作用渠道。

第四节　小结

通过上述研究，本书发现企业环境信息公开的主要因素主要表现在以下公式治理的几个方面。大股东持股比例越高，企业越倾向于公布环境信息，这可能是因为对企业管理层的干预越强，其他投资者越会关注大股东掏空行为和关联交易问题。实际控制人持股比例越高，并不意味着环境信息公开越好，实际控制人更多的是考虑公司的盈利能力。两权分离程度越高的企业，越倾向于进行环境信息公开，这也是因为两权分离后，委托代理问题更加严重。管理层和董事会都有进行信息沟通的倾向，企业环境信息公开就是一个非常好的表达渠道，这一点也可以从董事长和总经理为同一人的时候更少地进行环境信息公开来表现。

企业环境信息公开政策的出台可以显著提升企业 ROA、ROE、股票收益率和毛利率，降低企业营运成本，但是对净利润占比没有任何显著的影响。环境信息公开可以让企业站在道德制高点，得到更多投资者从而节约融资成本，得到消费者认可从而拿到更多订单、销售额增加，得到政府环保部门和 ENGOs 的认可从而减少监管。政策的执行提高了纺织企业金融市场认可度，更容易从股市获取资金，但是从企业运营的角度虽然提高了毛利率的同时电脑上降低了净利润占比，虽然总体来看营业成本率在降低，但对 ROA 和 ROE 只有微弱的效果。本研究可以得出以下政策启示。

第一，加大纺织企业环境信息公开力度和范围，从制度上优化公司治理水平，促进纺织企业长期竞争力提升。通过研究可以发现，纺织企业进行环境信息公开是提升公司治理水平的需要，能减少信息不对称、降低交易费用，公司治理水平直接和间接影响公司经济绩效，增加应对不确定性的能力、降低风险敞口，提升企业竞争力。纺织行业属于重污染行业，也是上海证券交易所和深圳证券交易所所认定的传统污染产业，公开企业环境信息既是政府监管部门和金融市场监管部门的需要，也是企业积极反馈利益相关者关注、提升企业形象、促进企业转型升级的关键，所以从政策层面加大纺织企业环境信息公开力度和范围有十分重要的理论和现实意义，可以有效促进行业整理治理水平提升、减少政府监管成本以及行业发展。

第二，规范企业环境信息公开标准和过程，提升企业环境信息公开对经济绩效的促进作用。在对企业环境相关信息研究过程中，本书发现企业披露环境相关信息分散在企业社会责任报告、可持续发展报告、环境责任报告、企业年报附注、临时报告和公司网站等地方，公开的内容、范围和格式也差别非常大。本研究已经证明纺织企业的环境信息披露有助于提升企业经济绩效进而提升企业竞争力，所以有必要进一步规范企业环境信息公开的格式、范围和程度，以及过程的具体可操作细节。

第三，充分发掘融资约束的渠道作用，提升金融市场对于纺织企业环境信息公开的激励效果。当企业内外融资成本出现差异时，企业投资受到融资约束的影响，主要体现在融资行为过程中难以获取外部融资而受到的外界约束，其影响程度受金融市场成熟度和信息不对称程度的影响。本研究发现融资约束充当企业环境信息公开影响企业经济绩效的中介变量，企业环境信息公开不仅对经济绩效有直接促进作用，也会通过融资约束影响企业经济绩效，所以应该积极利用融资约束这一作用渠道，让企业通过更多的环境信息公开更好地得到金融市场认可，减少投资者对企业的信息不对称，进而降低融资约束，促进纺织行业健康发展和转型升级。

第六章 COD200 制度对纺织企业碳足迹的影响效应分析
——基于内生结构突变模型

上两章分别检验了不同的制度对纺织企业绩效的影响。21世纪以来,废水污染问题已然成了纺织产业发展所面临的主要环保问题。为此,有效控制纺织产业废水中污染物排放对解决废水污染问题显得尤为重要。鉴于此,针对纺织染整工业水污染排放的 COD 排放 200 的政策,本章研究在计量模型中引入控制纺织染整工业水污染排放的 COD 排放 200 的政策虚拟变量及其与纺织产业产出规模、技术水平和能源消费结构的互动项,采用各地《统计年鉴》《中国能源统计年鉴》等的数据,从实证分析的角度研究政策实施后对纺织企业碳足迹影响的结构突变效应。

第一节 理论分析框架

在实施新的《纺织染整工业水污染物排放标准》(GB 4287—2012)之后,作为与此政策直接相关的主体,处于不同污染物排放水平的纺织企业会受到不同可能性的影响。若纺织企业的工业水污染物排放浓度高于此新标准的规定值,则这些企业中的部分目光短浅企业在短时间内想要达到排放标准,最可能采取的应对方法就是通过降低生产量或者在排污口添置污水治理效率更高的排污设施,这两种措施最终都会使得企业的利润降低,与企业的短期目标追求利润最大化相悖,均是治标不治本的措施;当然这些高排放浓度企业中一些有头脑、有远见、具有高社会责任感的企业逐渐意识到,无论是环境方面还是经济方面，减少环境污染都是具有效益的，应积极改进并设计符合污染排放标准的工艺，以带动企业经济增长。并且这其中一部分企业管理者进一步发现采取环境保护措施、符合环保标准规定，能给企业带来新的市场机会。因此，它们改变策略，将绿色营销作为保持市场地位和提高市场份额的有力武器。若纺织企业的工业水污染物排放浓度原本就低于此新标准的规定值，在短期内这项政策对这些企业的生产和运营并不会造成很大的影响，但是因为这项新标准的规定一定程度表明了国家和政府实施环境保护的态度，故此这些低排放浓度的企业若有长远的发展战略，就会想方设法地选用环境无害化和清洁生产的技术，在质量监管、设计研发、制造、销售等各个方面创新以实现提高企业竞争力、降低成本并最终提高企业利润的目标。

哪些因素会对纺织企业碳排放量造成影响，国内许多学者已经做出了一些分析。例如，潘佳佳和李廉水（2011）研究表明，人口因素和经济发展是拉动碳排放量增加的主要因素，而抑制碳排放增长则主要是能源强度的下降。刘军的研究表明，行业的开放程度，对制造业二氧化碳的排放具有显著负影响。对于制造业，产业结构升级和技术水平抑制二氧化碳排放，而能源消费结构和行业产出规模对二氧化碳排放有显著正影响。刘雪阳（2016）的研究表明，抑制中国制造业碳排放的主要因素是行业开放程度和技术水平，而目前以煤炭等化石燃料为主的能源消费结构和行业产出规模是增加碳排放的主要原因。在新的排放标准实施后，有长远发展战略的纺织企业势必会采取相应对策来降低自己的碳排放量使得其处于规定值之下。根据影响碳排放的几个因素，若要降低纺织产业的二氧化碳排放量预测其可能会采取的措施如下：适当缩小产出规模，但企业一般不会愿意减少生产、降低利益来达到碳排放要求，更有可能采取其他手段；提高生产技术水平，如购置更高效的生产设备或更新生产技术，以减少原料使用和废物排放；改善能源消费结构，减少煤炭、石油等化石燃料资源在能源使用中的比例，提高对太阳能、风能、核能等清洁能源的利用率等。故此，本书构造的COD200政策对纺织企业影响路线图如图6.1所示：

综上，我们提出如下假说：

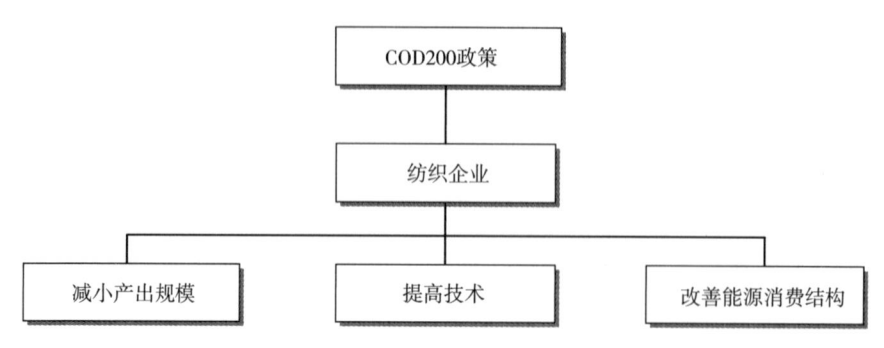

图 6.1 COD200 政策对纺织企业影响路线图

企业产出规模和生产技术水平等相关变量对于企业的二氧化碳排放量具有显著的影响，而 COD200 则可能会使相关作用产生结构性突变。

第二节 模型设定及变量说明

一 模型设定

基于以上的分析，行业产出规模、技术水平和能源消费结构等因素都是影响纺织产业二氧化碳排放量的主要因素。考虑到纺织产业二氧化碳排量可能受政策因素影响，引入政策虚拟变量及其与以上影响因素的互动项，构建测量截距和斜率变动的面板数据计量模型。

$$\ln ce_{it} = \beta_0 + \beta_1 pol + \beta_2 \ln os_{it} + \beta_3 tl_{it} + \beta_4 ecs_{it} + \beta_5 pol * os_{it} + \beta_6 pol * tl_{it} + \beta_7 pol * ecs_{it} + \varepsilon_{it} \quad 6-(1)$$

其中，i 表示省份，t 表示年度，ce_{it} 表示 i 省份 t 年度的纺织产业二氧化碳排放总量，os_{it} 表示行业产出规模，tl_{it} 表示技术水平，ecs_{it} 表示能源消费结构，pol 代表政策虚拟变量，β_0-β_7 表示变量的系数，ε_{it} 表示模型的随机扰动项。

二 变量说明

（一）被解释变量选取

碳足迹指的是由企业机构或个人的活动、产品等排放的温室气体集合，而温室气体排放通常用二氧化碳当量（CO2e）表示。当前产业二氧化碳测算模型依照测算方法主要包括能源消耗、生命周期、投入产出三大类。考虑到数据的可获得性以及有效防止由于统计口径不同而产生数据遗漏情况，本书采用如下所示的能源消耗测算模型来测算纺织产业排放的二氧化碳量（ce）。

二氧化碳排放总量 = $\sum$ 每种能源消费量×能源标准煤折算系数×2.66

上式中能源标准煤折算系数参照《综合能耗计算通则》（GB/T 2589—2008），2.66是将标准煤按此系数折算成二氧化碳排放量。

（二）解释变量选取

1. 纺织产业产出规模（os）以纺织产业总产值来衡量，预期二氧化碳排放量与纺织产业产出规模的增加发生同向变动。

2. 技术水平（tl）的提高将降低单位产值的能源消耗，从而降低二氧化碳的排放量，同时技术水平高的企业一般相应拥有更高的能源利用效率，因此技术水平的代理变量以能源利用效率来表达，即以单位能源产生的总产值来度量技术水平，单位是万元/吨标准煤。预期二氧化碳排放量与技术水平的提高发生反向变动。

3. 能源消费结构（ecs），我国纺织产业能源消费中煤炭消费比重较高，随之产生的碳排放量也较高，因此猜测能源消费结构中，以煤炭等化石燃料为主的成分可能是影响二氧化碳排放量的一个重要因素。以煤炭消费量占能源消费量的比重来度量能源消费结构，预期二氧化碳排放量与能源消费结构的增大发生同向变动。

（三）虚拟变量设置

COD200是《纺织染整工业水污染物排放标准》（GB 4287—2012）中提出的企业废水间接排放化学需氧物（CODcr）浓度不得超过200mg/L，该标准于2012年10月19日发布，并于2013年1月1日起正式实施。为考察该政策对纺织产业碳足迹是否产生了影响，引入政策虚拟变量：$pol=0$（$t<2012$），$pol=1$（$t \geq 2013$），并在模型中加入政策虚拟变量与其他几个解释变量的互动项。

第三节 实证研究结果与分析

一 数据来源与描述性统计

(一) 数据来源

纺织企业在我国各个省份的分布存在较大的差异,其中主要集中在山东、江苏、浙江、福建和广东等地。此外,受数据可获得性的影响,我国西藏、青海、新疆等多个省区相关的数据存在缺失的情况。因此,基于纺织企业的分布以及数据的可获得性,本书构建模型的数据来源为2009—2016年山东、江苏、浙江、福建和广东的《统计年鉴》及《中国能源统计年鉴》。

(二) 描述性统计

表6.1是对二氧化碳排放量、产出规模、技术水平和能源消费结构进行一般性描述性统计。可见,相比于技术水平和能源消费结构,二氧化碳排放量和产出规模的均值和标准差均较大,故此,在估计模型中将二氧化碳排放量和产出规模这两个变量分别取了对数。

表6.1　　　　　　　　统计性指标描述

变量	均值	标准差	最小值	最大值	样本量
二氧化碳排放量(万吨)	2497.27	1164.50	492.39	3921.21	40.00
产出规模(亿元)	4500.85	2998.17	39.90	13633.00	40.00
技术水平(万元/吨标准煤)	5.27	2.88	0.05	12.95	40.00
能源消费结构(%)	52.89	23.45	9.70	80.75	40.00

表6.2是根据五个省份2010—2016年间,当年二氧化碳排放量相比于上一年的增加量再比上2009年二氧化碳排放量所求得的二氧化碳排放量增长率。

表6.2　　　　　　　　二氧化碳排放量增长率

	2010	2011	2012	2013	2014	2015	2016
山东	0.0737	0.2567	-0.0817	0.0666	-0.2487	0.3450	0.0289

续表

	2010	2011	2012	2013	2014	2015	2016
江苏	0.0871	0.0766	0.0532	0.0150	0.0277	0.0157	0.0345
浙江	-0.1520	0.2916	-0.0429	0.0359	-0.0187	0.0369	0.0189
福建	0.0613	0.0914	-0.0484	-0.0105	0.0021	0.0090	0.0049
广东	0.0475	-0.0490	-0.0829	-0.0331	-0.0350	0.0227	-0.0739

图 6.2 至图 6.4 是山东、江苏、浙江、福建和广东这五个省纺织产业二氧化碳排放量（ce）、产出规模（os）、技术水平（tl）和能源消费结构（ecs）随着年份变化的折线图，其中我们用 FJ、GD、JS、SD 和 ZJ 分别代表福建、广东、江苏、山东和浙江。

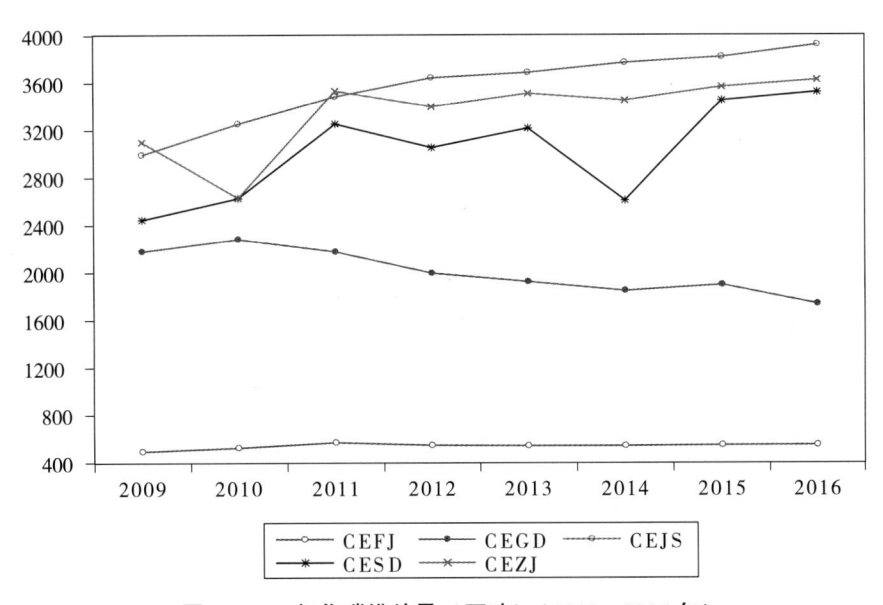

图 6.2 二氧化碳排放量（万吨）（2009—2016 年）

从图 6.2 我们能看出在 2013 年开始实施 COD200 之后，广东省的纺织产业二氧化碳排放量均呈现下降趋势，而福建省虽在后面的年份当中有所上升，但在 2011 年—2014 年仍然呈下降趋势；浙江和山东两省的纺织产业二氧化碳排放量从 2013 年到 2014 年间是下降的，但之后都呈现了上升趋势；而作为纺织产业发展较好的江苏省的纺织产业二氧化碳排放量一直呈现上升趋势，但是增长趋势放缓。又从表

6.2可以看出2013年之后五省的二氧化碳排放量增长率相较于实施COD200政策之前均有明显的下降，虽然不能确切表明是因为此政策的实施使得纺织产业的二氧化碳排量降低，但从表6.2和图6.2可以粗略认为实施COD200对纺织产业的二氧化碳排放量确实产生了负向的影响。

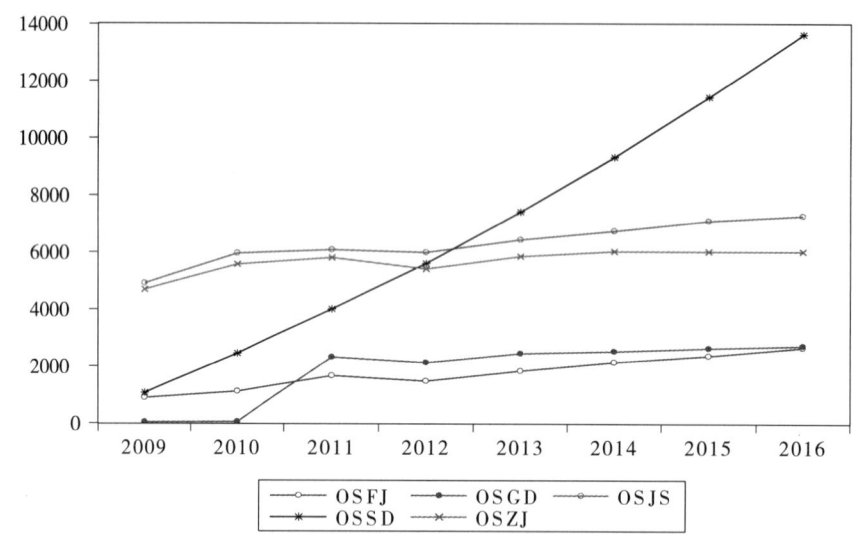

图6.3 产出规模（亿元）（2009—2016年）

从图6.3我们看出，这五个省的纺织产业产出规模在2009—2016年间均呈现上升的趋势，除了山东省的纺织产业产出规模在这8年间增长的量较大外，其余四个省的纺织产业产出规模在2013年COD200实施之后的增长趋势均较缓慢，可以说明政策实施对纺织产业的产出规模还是造成了一定程度的影响。

图6.4代表的是五省的纺织产业技术水平，即每消耗一吨标准煤所产生的总产值。从图中我们能明显看出从2013年政策实施开始这五省的纺织产业技术水平均有所提高，尤其是福建和山东两省技术水平提高幅度较大。

图6.5表示的是五省纺织产业的能源消费结构，及煤炭消费量占全部能源消费的比重。从图中可以看出，从2013年开始，五省的纺织产业煤炭消费量占全部能源消费的比重均有所下降。

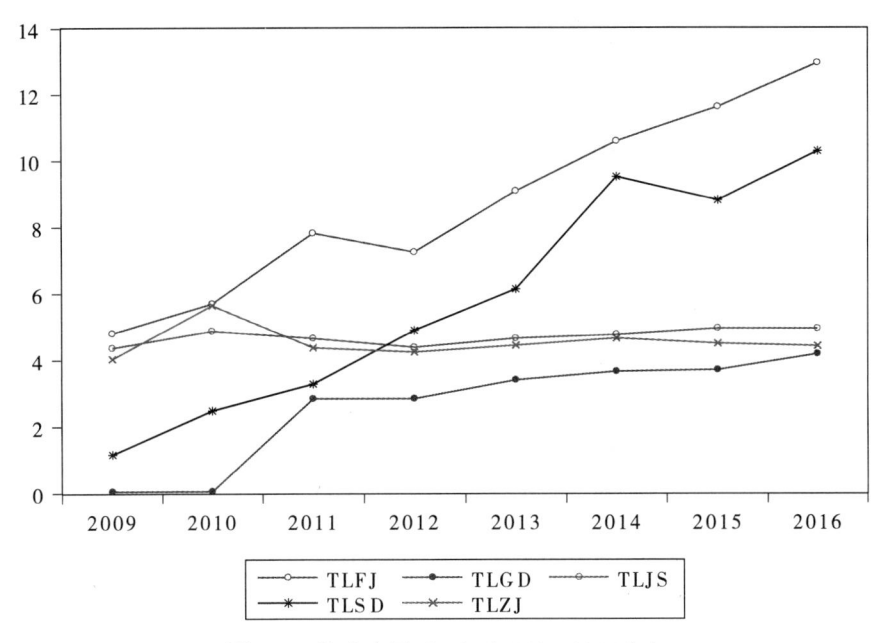

图 6.4 技术水平（%）（2009—2016 年）

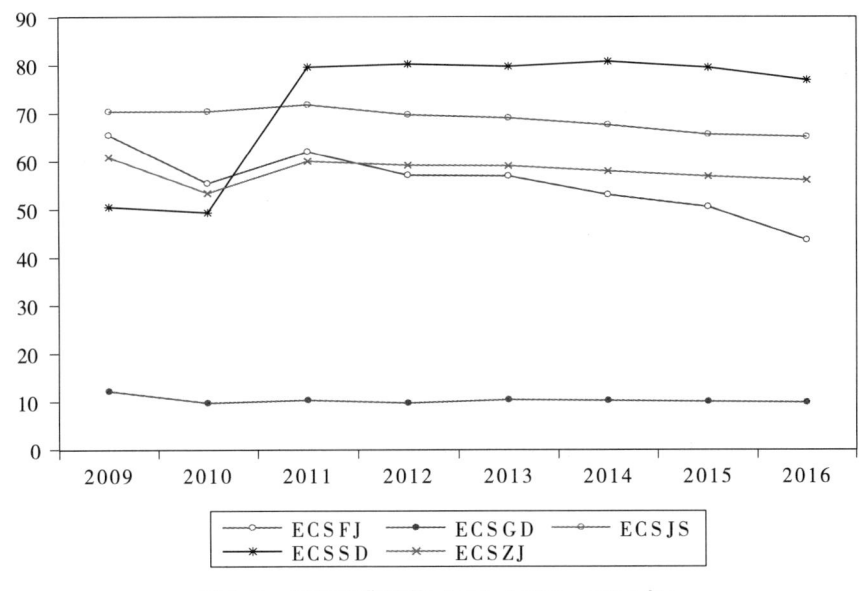

图 6.5 能源消费结构（%）（2009—2016 年）

二 纺织产业碳足迹结构突变检验

从上文描述性统计分析结果可知,在2013年政策实施后除江苏省外,其余四省中,广东省呈明显下降趋势,另外三省的纺织产业二氧化碳排放量总体上虽呈上升趋势,但在一些固定年份均出现了不同程度的下降,如2011—2012年下降趋势明显。而江苏省的纺织产业二氧化碳排放量虽然没有出现下降的趋势,但是相较于2013年之前的年份纺织产业二氧化碳排放量的增长趋势放缓,推测是由于2013年COD200政策的实施对纺织产业的二氧化碳排放量产生了影响,故此接下来本书对五省的纺织产业碳足迹是否发生结构变动进行检验。

首先,使用传统的邹检验(F检验)来检验纺织产业二氧化碳排放量是否在2013年发生结构变动。分别对整个样本、2013年之前及之后的样本进行回归,以获得其残差平方和,构造的计量回归模型是在6-(1)模型中剔除了政策虚拟变量和虚拟变量与其他解释变量的互动项,如模型6-(2)所示:

$$\ln ce_{it} = \beta_0 + \beta_1 \ln os_{it} + \beta_2 tl_{it} + \beta_3 ecs_{it} + \varepsilon_{it} \qquad 6-(2)$$

$i=1, 2, 3, 4, 5; t=1, 2, 3\cdots, 7, 8$

其中,i表示省份,t表示年度,ce_{it}表示i省份t年度的纺织产业二氧化碳排放总量,os_{it}表示行业产出规模,tl_{it}表示技术水平,ecs_{it}表示能源消费结构。

表6.3   整个样本回归结果

lnce	Coef.	Std. Err.	t	P>|t|	[95%Conf. Interval]
lnos	0.3946826	0.0729576	5.41	0.000	0.2467177 0.5426474
tl	-0.1988562	0.0261543	-7.60	0.000	-0.2518996 -0.1458128
ecs	0.0043898	0.0036879	1.19	0.242	-0.0030895 0.0118692
_cons	5.278802	0.4900463	10.77	0.000	4.284942 6.272662

Number of obs =40, R-squared = 0.6847, Root MSE =.42075

表 6.4　　　　　　　　2013 年之前样本回归结果

lnce	Coef.	Std. Err.	t	P>|t|	[95% Conf. Interval]
lnos	0.414312	0.0871657	4.75	0.000	0.2295289 0.5990952
tl	-0.3569459	0.0580535	-6.15	0.000	-0.4800138 -0.2338781
ecs	0.0036841	0.005562	0.66	0.517	-0.0081068 0.015475
_cons	5.685664	0.5054625	11.25	0.000	4.614131 6.757197

Number of obs = 20, R-squared = 0.7486, Root MSE =.38731

表 6.3 是根据模型 6-（2）将整个样本进行回归的结果，表 6.4 和表 6.5 是根据模型 6-（2）以 2013 年为界限将整个样本分为两部分进行回归的结果。从回归结果可以看出，整个样本一起进行回归的模型拟合优度最差，均方误差根最大；2013 年及其之后年份的样本进行回归的模型拟合优度最好，同时均方误差根最小；另外从模型的回归系数显著度来看，也只有 2013 年及其之后年份的样本进行回归时所有解释变量前的系数在 5% 的显著性水平下都是显著的。接着根据似然比检验原理构造如下所示的 F 统计量：

表 6.5　　　　　　　　2013 年及之后样本回归结果

lnce	Coef.	Std. Err.	t	P>|t|	[95% Conf. Interval]
lnos	1.026988	0.0228947	44.86	0.000	0.9784537 1.075523
tl	-0.1327894	0.0032469	-40.90	0.000	-0.1396726 -0.1259062
ecs	-0.0028832	0.0006216	-4.64	0.000	-0.004201 -0.0015654
_cons	-0.0124104	0.1795744	-0.07	0.946	-0.3930912 0.3682704

Number of obs = 20, R-squared = 0.9983, Root MSE =.03351

$$F = [(e'e - e'_1 e_1 - e'_2 e_2)/K] / [(e'_1 e_1 + e'_2 e_2)/(n-2K)] \sim F(K, n-2K)$$

其中，n 代表样本的容量，K 代表解释变量在回归方程中的个数（含截距项）。将整个样本进行回归的残差平方和记为 $e'e$，2013 年之前年份的样本回归的残差平方和记为 e'_1e_1，2013 年及其之后年份的样本回归的残差平方和记为 e'_2e_2。如果原假设纺织产业二氧化碳排放量结构在这两个时期没有变化，则（$e'e-e'_1e_1-e'_2e_2$）应该比较小，但是如果（$e'e-e'_1e_1-e'_1e_2$）很大，则倾向于认为原假设不成立，即纺织产业二氧化碳排放量存在结构变动。

根据之前对整个样本以及分时期样本回归结果计算得到的 F 统计量的值为 13.084796。

其次，使用虚拟变量法进行结构变动的检验，即根据计量回归模型 6-（1）进行 ols 回归分析，生成虚拟变量 pol（对于 2013 年及之后，pol=1；反之，pol=0）；以及虚拟变量 pol 与纺织产业产出规模对数 lnos 的互动项 pl、与技术水平 tl 的互动项 pt、与能源消费结构 ecs 的互动项 pe。回归结果如表 6.6 所示：

表 6.6　　　　　　　引入政策虚拟变量后的回归结果

lnce	Coef.	Std. Err.	t	$P>\|t\|$	[95% Conf. Interval]
lnos	0.414312	0.0618658	6.70	0.000	0.2882956　0.5403285
tl	-0.3569459	0.0412034	-8.66	0.000	-0.4408744　-0.2730174
ecs	0.0036841	0.0039476	0.93	0.358	-0.0043569　0.0117251
pol	-5.698074	1.516159	-3.76	0.001	-8.786389　-2.609759
pl	0.6126763	0.1977394	3.10	0.004	0.2098944　1.015458
pt	0.2241565	0.0490629	4.57	0.000	0.1242187　0.3240944
pe	-0.0065673	0.0064489	-1.02	0.316	-0.0197032　0.0065687
_cons	5.685664	0.3587512	15.85	0.000	4.954912　6.416416

Number of obs = 40, R-squared = 0.8804, Root MSE = .27489

从表 6.6 虚拟变量回归结果看出，除了能源消费结构和虚拟变量与其互动项前的系数在 5% 的显著性水平下不显著之外，其余的回归系数均显著，且整个模型的拟合优度较好。接着对虚拟变量与其他解释变量的互动项和虚拟变量本身进行联合显著性检验，结果如表 6.7 所示：

表 6.7　　　　　　　　pol、pl、pt 与 pe 的联合显著性

(1) $pol=0$	(2) $pl=0$	(3) $pt=0$	(4) $pe=0$
$F(4, 32) = 13.08$, $Prob > F = 0.0000$			

从表 6.7 可以看出，与传统邹检验得到的结果完全相同，使用虚拟变量法所得到的 F 统计量的值也等于 13.08。该检验的 P 值为 0，故在 1% 的显著性水平上，拒绝原假设——"没有结构变动"，即认为在 2013 年，纺织产业的碳足迹的确发生了结构变动。

但是上述关于结构变动的检验仅在扰动项同方差的情况下才成立。故此，本研究需要使用稳健标准误进行虚拟变量法的检验。最终得到的使用稳健标准误后的虚拟变量回归结果如表 6.8 所示，虚拟变量和其与其他解释变量的互动项的联合显著性检验结果如表 6.9 所示。

表 6.8　　　　　　使用稳健标准误的虚拟变量法回归结果

$lnce$	Coef.	Robust Std. Err.	t	$P>\vert t \vert$	[95% Conf. Interval]
$lnos$	0.414312	0.101399	4.09	0.000	0.207769　0.620855
tl	-0.3569459	0.0517726	-6.89	0.000	-0.4624033　-0.2514886
ecs	0.0036841	0.0052254	0.71	0.486	-0.0069597　0.0143279
pol	-5.698074	0.6611824	-8.62	0.000	-7.044859　-4.35129
pl	0.6126763	0.104746	5.85	0.000	0.3993156　0.826037
pt	0.2241565	0.0519264	4.32	0.000	0.1183858　0.3299272

lnce	Coef.	Robust Std. Err.	t	P>|t|	[95% Conf. Interval]
pe	-0.0065673	0.0052872	-1.24	0.223	-0.0173369 0.0042023
_cons	5.685664	0.6300502	9.02	0.000	4.402294 6.969034

Number of obs = 40, R-squared = 0.8804, Root MSE = .27489

表 6.9　使用稳健标准误后的 *pol*、*pl*、*pt* 与 *pe* 联合显著性

(1) pol=0	(2) pl=0	(3) pt=0	(4) pe=0

F(4, 32) = 28.61, Prob > F = 0.0000

由表 6.8 和表 6.9 可看出，无论是否存在异方差，"没有结构变动"的原假设都可以被强烈拒绝，即纺织产业的碳足迹在 2013 年发生了结构突变，而 COD200 的实施年份也是 2013 年，故此可认为该政策的实施对纺织产业碳足迹产生了影响，使得其发生了结构突变，但是政策的实施对纺织产业碳足迹产生了多大程度的影响以及具体是通过何种机制对其产生影响的，可通过下一部分对模型的估计与结果分析得到。

三　模型估计与结果分析

（一）模型估计

1. OLS+稳健标准误

作为对比项，本书先不考虑扰动项 $\{\varepsilon_{it}\}$ 组间异方差或同期相关，使用最为常见的"OLS+稳健标准误"法对模型进行估计。

估计结果如下表 6.10 所示：

表 6.10　"OLS+稳健标准误"法估计结果

lnce	Coef.	Std. Err.	t	P>t	[95% Conf. Interval]
pol	-5.698074	0.9287152	-6.14	0.004	-8.276601 -3.119548
pl	0.6126763	0.1552789	3.95	0.017	0.1815528 1.0438

续表

lnce	Coef.	Std. Err.	t	P>t	[95% Conf. Interval]
pt	0.2241565	0.0736506	3.04	0.038	0.0196697 0.4286433
pe	-0.0065673	0.0067097	-0.98	0.383	-0.0251965 0.0120619
lnos	0.414312	0.1767923	2.34	0.079	-0.076542 0.9051661
tl	-0.3569459	0.0702597	-5.08	0.007	-0.552018 -0.1618738
ecs	0.0036841	0.0074199	0.50	0.646	-0.0169168 0.024285
_cons	5.685664	1.040487	5.46	0.005	2.796808 8.57452

R-squared = 0.8804　　Root MSE = 0.27489

从表6.10模型估计结果我们发现除变量 pe、lnos 和 ecs 前的估计系数在5%的显著性水平下均不显著外,其余解释变量前的估计系数均显著。

2. 组间异方差和组间同期相关的检验

考虑可能是回归模型的扰动项 $\{\varepsilon_{it}\}$ 存在组间异方差或组间同期相关对估计系数的显著性产生了影响,接着对回归模型进行组间异方差和组间同期相关的检验,检验结果如表6.11所示。

表6.11　　组间异方差和组间同期相关检验结果

H0: sigma (i)^2 = sigma^2 foralli	chi2 (5) = 14.30	Prob>chi2 = 0.0138
Breusch-Pagan LM test of independence	chi2 (10) = 22.07	Pr = 0.0147

表6.11第一行是组间异方差的检验结果,第二行是组间同期相关的检验结果,结果显示,在5%的显著性水平下均强烈拒绝"无组间异方差、无组间同期相关"的原假设。

3. OLS+面板校正标准误

为减弱由扰动项 $\{\varepsilon_{it}\}$ 的组间异方差与组间同期相关可能导致的 t 检验的不准确性,此时使用"组间异方差、组间同期相关"稳健的标准误差即"面板校正标准误差"对模型进行 OLS 估计即可。估计结果如表 6.12 所示。

表 6.12　　　　　　　OLS+面板校正标准误估计结果

lnce	Coef.	Std. Err.	t	P>t	[95% Conf. Interval]
pol	-5.698074	1.465679	-3.89	0.000	-8.570753　-2.825396
pl	0.6126763	0.2004463	3.06	0.002	0.2198087　1.005544
pt	0.2241565	0.0496087	4.52	0.000	0.1269253　0.3213877
pe	-0.0065673	0.0069059	-0.95	0.342	-0.0201026　0.006968
lnos	0.414312	0.0672906	6.16	0.000	0.282425　0.5461991
tl	-0.3569459	0.0334559	-10.67	0.000	-0.4225184　-0.2913735
ecs	0.0036841	0.0039069	0.94	0.346	-0.0039732　0.0113414
_cons	5.685664	0.2703621	21.03	0.000	5.155764　6.215564

R-squared = 0.8804

由表 6.12 与表 6.10 的估计结果可知，使用 OLS+面板校正标准误与稳健标准误所得的估计系数完全一样，只是标准误不同。而且原本未显著的 lnos 变量估计系数在使用了面板校正标准误后经 t 检验显著了，但是 pe 和 ecs 变量前的估计系数仍未通过显著性检验。

4. 组内自相关检验

在对模型扰动项间存在的组间异方差和组间同期相关进行处理之后所得的估计模型结果显示仍有估计系数不显著，因为所采用的数据是面板数据，所以扰动项间可能存在组内自相关问题，估计对模型的扰动项进行了组内自相关的检验。检验结果如表 6.13 所示。

表 6.13　　　　　　　　组内自相关检验结果

	Wooldridge test for autocorrelationinpanel data
H0：no first-order autocorrelation	$F(1, 4) = 11.019$	$Prob > F = 0.0294$

由表 6.13 组内自相关的检验结果 P 值小于 0.05 的显著性水平，故此强烈拒绝"不存在一阶组内自相关"的原假设。

5. 仅解决组内自相关的 FGLS

由前文的结果知，回归模型的扰动项存在一阶的组内自相关，为得到 FGLS 估计量，选用 Prais-Winsten 估计法对原模型进行广义差分变换即可。因为是面板数据，所以在此基础上同时考虑个体自回归系数相同与不同两种情况，分别得到的回归结果如表 6.14、表 6.15 所示。

表 6.14　　个体自回归系数相同情况下回归结果

lnce	Coef.	Panel-correctedStd. Err.	z	$P>\|z\|$	[95% Conf. Interval]
pol	−5.7494	1.649069	−3.49	0.000	−8.981515 −2.517284
pl	0.6648361	0.2266266	2.93	0.003	0.2206561 1.109016
pt	0.1765804	0.0612297	2.88	0.004	0.0565724 0.2965884
pe	−0.0095576	0.0064332	−1.49	0.137	−0.0221664 0.0030512
lnos	0.3246549	0.0716357	4.53	0.000	0.1842515 0.4650584
tl	−0.2978326	0.0533161	−5.59	0.000	−0.4023301 −0.193335
ecs	0.0050752	0.0035389	1.43	0.152	−0.0018608 0.0120112
_cons	6.045187	0.2751438	21.97	0.000	5.505915 6.584459
rho	0.4989321				

表 6.15　　个体自回归系数不同情况下回归结果

lnec	Coef.	Panel-correctedStd. Err.	z	$P>\|z\|$	[95% Conf. Interval]
pol	−6.403413	1.553917	−4.12	0.000	−9.449034 −3.357792

续表

lnec	Coef.	Panel-corrected Std. Err.	z	P>|z|	[95% Conf. Interval]
pl	0.7295467	0.2114413	3.45	0.001	0.3151293 1.143964
pt	0.2036995	0.0563956	3.61	0.000	0.0931663 0.3142328
pe	-0.0098804	0.0056248	-1.76	0.079	-0.0209048 0.0011439
lnos	0.3222664	0.0639395	5.04	0.000	0.1969474 0.4475854
tl	-0.309789	0.0467077	-6.63	0.000	-0.4013345 -0.2182436
ecs	0.0027768	0.0033722	0.82	0.410	-0.0038326 0.0093862
_cons	6.142335	0.2516251	24.41	0.000	5.649159 6.635511

rhos = 0.4209751　0.8026589　0.6313903　0.3556701　0.283966

从表6.14和表6.15我们发现，个体扰动项自回归系数相同与不同所得的估计系数差别不大，但是 pe 和 ecs 变量前的估计系数在5%的显著性水平下仍未通过检验。

6. 全面FGLS

上文FGLS估计仅针对了扰动项间存在的组内自相关，并未考虑组间异方差或组间同期相关，故此本研究进一步进行更为全面的FGLS估计，同时考虑了这三个因素。同样分为个体扰动项自回归系数相同与不同两种情况分别对模型进行估计，估计结果如表6.16和表6.17所示。

表6.16　　个体扰动项自回归系数相同情况下回归结果

lnce	Coef.	Std. Err.	z	P>|z|	[95% Conf. Interval]
pol	-4.872073	0.718147	-6.78	0.000	-6.279615 -3.46453
pl	0.5708567	0.1091085	5.23	0.000	0.3570081 0.7847054

续表

lnce	Coef.	Std. Err.	z	P>|z|	[95% Conf. Interval]
pt	0.1397355	0.0277839	5.03	0.000	0.0852801 0.1941908
pe	-0.0076271	0.0031461	-2.42	0.015	-0.0137932 -0.0014609
lnos	0.2942468	0.0250957	11.72	0.000	0.2450601 0.3434335
tl	-0.2687663	0.0193466	-13.89	0.000	-0.3066851 -0.2308476
ecs	0.0067925	0.0018513	3.67	0.000	0.0031641 0.0104209
_cons	6.084673	0.1222919	49.76	0.000	5.844985 6.324361

表 6.17　　个体扰动项自回归系数不同情况下回归结果

lnce	Coef.	Std. Err.	z	P>|z|	[95% Conf. Interval]
pol	-5.506716	0.7152829	-7.70	0.000	-6.908644 -4.104787
pl	0.6465524	0.1005954	6.43	0.000	0.4493891 0.8437158
pt	0.1678197	0.0283601	5.92	0.000	0.1122349 0.2234045
pe	-0.0107482	0.0022977	-4.68	0.000	-0.0152516 -0.0062448
lnos	0.3047409	0.0288216	10.57	0.000	0.2482515 0.3612302
tl	-0.2952074	0.0229295	-12.87	0.000	-0.3401484 -0.2502664
ecs	0.0049958	0.0018923	2.64	0.008	0.001287 0.0087046
_cons	6.143268	0.1421395	43.22	0.000	5.86468 6.421856

最后,本研究将这 6 种模型估计结果总结在一个表中,如表 6.18 所示。

表 6.18　　模型估计结果

	(1) OLS	(2) PCSE	(3) AR1	(4) PSAR1	(5) PAR1	(6) PPSAR1
pol	-5.698*** (0.929)	-5.698*** (1.466)	-5.749*** (1.649)	-6.403*** (1.554)	-4.872*** (0.718)	-5.507*** (0.715)

续表

	(1)	(2)	(3)	(4)	(5)	(6)
	OLS	PCSE	AR1	PSAR1	PAR1	PPSAR1
pl	0.613** (0.155)	0.613*** (0.200)	0.665*** (0.227)	0.730*** (0.211)	0.571*** (0.109)	0.647*** (0.101)
pt	0.224** (0.0737)	0.224*** (0.0496)	0.177*** (0.0612)	0.204*** (0.0564)	0.140*** (0.0278)	0.168*** (0.0284)
pe	−0.00657 (0.00671)	−0.00657 (0.00691)	−0.00956 (0.00643)	−0.00988* (0.00562)	−0.00763** (0.00315)	−0.0107*** (0.00230)
$lnos$	0.414* (0.177)	0.414*** (0.0673)	0.325*** (0.0716)	0.322*** (0.0639)	0.294*** (0.0251)	0.305*** (0.0288)
tl	−0.357*** (0.0703)	−0.357*** (0.0335)	−0.298*** (0.0533)	−0.310*** (0.0467)	−0.269*** (0.0193)	−0.295*** (0.0229)
ecs	0.00368 (0.00742)	0.00368 (0.00391)	0.00508 (0.00354)	0.00278 (0.00337)	0.00679*** (0.00185)	0.00500*** (0.00189)
_cons	5.686*** (1.040)	5.686*** (0.270)	6.045*** (0.275)	6.142*** (0.252)	6.085*** (0.122)	6.143*** (0.142)
N	40	40	40	40	40	40
R-sq	0.880	0.880	0.960	0.983		

Standard errors in parentheses

*$p<0.1$, **$p<0.05$, ***$p<0.01$。

表6.18中OLS所在列为用"ols+稳健标准误"方法对模型进行估计的结果；PCSE所在列为用"ols+面板校正标准误"方法对模型进行估计的结果；AR1所在列为用仅解决组内自相关的FGLS且每个个体的扰动项自回归系数相同方法对模型进行估计的结果；PSAR1所在列为用仅解决组内自相关的FGLS且允许每个个体扰动项有自己的自回归系数方法对模型进行估计的结果；PAR1所在列为用全面FGLS且每个个体的扰动项自回归系数相同方法对模型进行估计的结果；PPSAR1所在列为用全面FGLS且允许每个个体扰动项有自己的自回归系数方法对模型进行估计的结果。

（二）结果分析

通过对表6.18这六种模型估计结果对比分析发现：

1. 除了政策虚拟变量与能源消费结构的互动项（pe）以及能源消费结构变量（ecs）的系数用这六种方法估计结果相差较大，其他几个变量的系数估计结果相差都不大，且均比较显著。

2. 政策虚拟变量（pol）前的系数为负的，表明在 COD200 实施后，对二氧化碳的排放量产生了负向的影响，符合假设。

3. 纺织产业产出规模对数（lnos）和能源消费结构（ecs）前的系数均为正数，表明这两个变量对二氧化碳排放量的影响是正向的，这也符合理论分析部分的假设。纺织产业产出规模越大，二氧化碳的排放量也会相应增加。能源消费结构及煤炭消费占能源消费的比例越高，也会在一定程度上扩大二氧化碳的排放量。

4. 技术水平变量（tl）前的系数为负的，表明二氧化碳排放量会随着技术水平的提高相应地减少，与实际相符。

5. 政策虚拟变量与产出规模的互动项（pl）以及政策虚拟变量与技术水平的互动项（pt）前的估计系数在这几种方法估计模型中均较显著，故此表明政策虚拟变量不单单对原始模型的截距项产生了影响，而且也通过对技术水平和产出规模的影响间接对模型的斜率产生了影响。

第四节　小结

本章通过对纺织企业碳足迹的结构突变检验得知，纺织产业的碳足迹确实发生了结构突变效应，而且突变点正好是 2013 年 COD200 实施的年份，所以可以认为 COD200 的实施对纺织产业的碳足迹结构产生了影响。关于政策具体是通过何种机制来影响纺织产业的碳足迹（在本章用二氧化碳排放量指标来代替），由实证分析部分的模型估计结果得知：（1）COD200 的实施对纺织产业的二氧化碳排放量产生了负向的影响，并且通过影响纺织产业技术水平和产出规模间接影响了纺织产业二氧化碳排放量。（2）企业的产出规模对二氧化碳排放量有明显的正向影响，产出规模越大，二氧化碳排放量越高。（3）能源消费结构中煤炭消费比例对企业二氧化碳排放量有正向的影响，煤炭在能源消费结构中占比越高，二氧化碳排放量越高。（4）企业技术水平对二氧化碳排放量有抑制作用，技术水平越高，二氧化碳排放量越低。

根据上述结果，若要降低纺织产业的二氧化碳排放量，达到保护环境与提高企业竞争力的双赢之道，可以从以下几个方面入手：（1）对政府来说，应对相关政策进一步完善，加强实施工作；制定合理的环境规制，引导纺织企业对传统的仅对末端污染加以控制的模式做出改变，形成注重全过程的预防和减少污染的新模式，以此来提高整体资源生产率，最终使得因信息不对称而导致的决策低效率问题得以解决。（2）对企业来说，应积极配合政府出台的各种环境规制，提高自身的社会责任意识，并将此二项内化为企业战略的一部分；为了达到节能减排的目的，企业还应不断创新纺织产业技术，致力于使投入资源具有更高生产率，创造竞争优势。同时要适当控制产出规模，更多的产出便意味着更多的排放和污染，企业具体的可采取的降低二氧化碳排放量的措施有：其一，改善其能源消费结构，减少煤炭、石油等化石燃料资源在能源使用中的比例，提高对太阳能、风能、核能等清洁能源的利用率，虽然在短期内可能会提高生产和开发成本，但是在长期内会减少污染排放，减少生产带来的负外部性，这是顺应政府政策和时代趋势的必经之路；其二，增加对技术创新的投入力度，提高生产技术水平，如购置更高效的生产设备或更新生产技术，以减少原料使用和废物排放，提高能源的利用效率等。（3）在全球经济的大环境中，加强环境保护力度已经变成一个共识和未来发展趋势，因此企业的环境措施变成了一个重要的市场准入标准，与此同时有力的环境保护措施也有助于提高企业竞争力。从长远的发展战略角度考虑，纺织企业要想通过加强自身环境保护力度从而提高竞争力，有5个要素可以着手：增加企业销售收入、提高企业形象、赢得投资者信赖、人力资源管理和降低企业未来风险。

第七章 纺织产业与节能减排制度的典型案例分析

纺织服装产业是浙江省委、省政府大力扶持的"十大传统产业"之一。但是在环境问题上，发现行业环境管理中主要存在着产业规划和环境标准矛盾、排放标准缺乏、管理指标规定笼统、技术推广机制不健全、排污权交易未有效实施、绿色信贷政策不足和绿色采购体系缺乏等问题。时尚产业属于无烟产业、朝阳产业和创新创意产业，是纺织服装产业转型升级的战略方向，也是浙江正在大力发展的八大万亿产业之一。如何将服装行业向时尚行业推进，减少环境污染，是当前发展的重要问题。

本章主要针对三个案例进行深入探讨。在绍兴市印染行业案例中，探讨绍兴市印染行业以及环境问题和管理问题，并提出环境管理的政策建议。在温州时尚产业高质量发展对策研究中，探讨时尚产业发展是节能减排、治理污染的根本之路。在全球五大"时装之都"纺织服装业产业升级中，借鉴国外经验探讨如何实现服装行业产业升级，实现时尚产业的转变，最终实现环境保护和绿色生态。

第一节 绍兴市印染行业环境管理问题及对策

在绍兴市印染行业探讨环境管理问题及对策，首先对服装纺织行业当前统计资料、环境管理政策和实践进行调研，把握纺织服装行业发展及环境影响基本情况；其次，梳理行业环境管理存在的问题；最后，对印染行业的环境管理提出政策建议。

一 绍兴市印染业发展及环境影响

2013年上半年,浙江省印染布产量达到167.10亿米,占全国总产量的60.58%。而绍兴市印染布产量就达到91.49亿米,占浙江省印染布产量的55%,占全国总产量的33%。绍兴现有印染企业212家,占地面积18181亩,印染设备10810台(套),总产能180亿米。其中,滨海工业区现有印染企业171家,占地面积13385亩,印染设备9030台(套),产能146亿米。2013年上半年,绍兴市印染业生产快速发展,实现工业总产值293.45亿元,同比增长12.1%;实现利润总额12.36亿元,同比增长15.5%;生产印染布91.49亿米,同比下降1.6%,消耗原煤78.9万吨,同比下降2.5%。

绍兴印染行业凭借着其巨大的生产规模和先进的生产设备,在全国和全省的印染行业中占有重要地位,同时对区域经济发展乃至整个国民经济的发展作出巨大贡献。近年来,绍兴市政府对于绍兴印染行业的发展尤其重视,2010年6月绍兴启动印染产业集聚升级工程,将大部分印染企业签约集聚到滨海工业区,对印染企业进行集聚整合,减少企业数量,以天然气、蒸汽替代燃煤,大量采用气流缸、数码印花等先进工艺,提升了生产效率,降低了单位增加值能耗。

然而,绍兴市印染企业产能高度集中,环境管理任务非常艰巨。从绍兴市主要行业的排放情况看,印染业、化工、造纸行业是工业水污染物排放的主要来源,尤其是印染业的COD排放占比达到83.0%,氨氮排放占比达到76.5%。印染业已成为绍兴结构减排的主要行业。随着国家对环境保护、资源节约的要求越来越严格,如何促进印染行业实现环境友好型的可持续发展,已成当前绍兴市乃至全国纺织印染行业亟待解决的难题。

二 绍兴印染行业环境管理存在的问题

(一)产业规划与环境标准的矛盾

2010年6月绍兴市规划兴建滨海工业区,并逐步将绍兴市大部分印染企业签约集聚到该工业园区,对于印染废水的治理模式就开始采用统一收取、统一进入管网和统一处理的治纳管排放，企业进入网管后，再经由污水处理厂统一处理。

2012年10月19日，国家环保部和国家质量监督检验检疫总局出台了新的《纺织染整工业水污染物排放标准》（GB 4287—2012），该标准于2013年1月1日起正式实施，并替代原标准GB 4287-92。新修订标准中对化学需氧量（COD）、五日生化需氧量、悬浮物及氨氮等指标的排放限值较原标准更为严格。针对环境敏感地区新标准还制定了更为严格的水污染物特别排放限值，并设置了间接排放限值以加强对向公共污水处理系统排放废水的监督管理。原标准GB 4287-92中的COD指标最高可以排到500mg/L，而按照新的标准直接排放需要降到100mg/L以下，间接排放需要降到200mg/L以下。

但这也给企业带来了很大的成本压力。例如对于中等规模的企业（3000吨水量）来说，需要增加上千万的投资。同时，排放标准的提高，也使得污水处理厂原工艺不再适宜，相对应的技术改造所需成本巨大。新标准也给印染污泥处置带来了新挑战。例如绍兴市一家印染企业，印染污泥一天在1吨左右，实施新的污水治理标准以后，需要对污水进行更为严格的净化处理，造成现在每天污泥产量增加达到五六吨。绍兴市印染企业每天产生的污泥总量达2500多吨，而目前仅有一家日处理能力为1000吨的污泥处置专业公司，无法完成实际产生的大量污泥处理任务。

另一方面，在绍兴市柯桥区已经建立大规模、涵盖面广的网管排放系统，在相对集中区域内进行污水集中处理，已有一定的规模效应。而对于污水处理技术本身来说，也并非污水COD浓度越低越容易处理，一定的污水处理设施和处理工艺在能够处理一定范围浓度的污水时，其处理效果可能较处理浓度较低的污水更好。如绍兴柯桥污水处理厂的污水处理设备是专为500mg/L的污水处理所设计，其处理500mg/L污水效率较高，而用之处理200mg/L的污水效率较低，原工艺的处理效率下降。因此，较高的排放标准并未起到环境改善的效果；反而可能会造成资源的浪费和效率的低下。同时，新的标准的实施没有设定过渡期，更没有考虑污水"统一收集，统一处理"的模式的技术特点，与绍兴的治污模式相冲突，给企业带来执行上的困难。

(二) 废气排放标准缺乏

随着国内环保的呼声越来越高，国家对于纺织印染废水排放标准不断地修改并提高。然而，目前国内还没有专门针对印染行业废气排放的一个严格的控制标准。由于监测技术的不完善，废气排放的控制一直没得到足够的重视，很多印染企业目前也还没有意识到废气排放的严重性，基本都是无组织排放废气。从2011年开始，绍兴环保部门积极推行"煤改气"工程，即鼓励印染企业燃煤供热改为天然气或蒸汽供热（集中供热），以减少废气排放。绍兴市环保部门在推行"煤改气"时，将其与排污指标挂钩，对企业有一定的鞭策或激励作用。但企业实施"煤改气"改造，将会使得企业用热成本提高30%。同时，采用燃气（汽）的定型机的购置成本在40万—50万元，给中小印染企业带来不少的成本压力。为推动"煤改气"工程的实施，政府会对实施"煤改气"工程的企业进行补贴，补贴金额约占总购置成本的10%，鼓励力度相对企业成本的增加仍显不足。

印染业废气主要由定型机排出，但现行的各级印染行业技术规定均没有针对定型机的废气排放标准。如2011年12月浙江省人民政府印发了《关于十二五时期重污染高耗能行业深化整治促进提升的指导意见》，其中提到要进行定型机废气治理，即定型机烟气应进行有效收集处置，油剂回收率90%以上。2013年7月，绍兴市人民政府办公室印发了《绍兴市区印染产业转型升级实施方案》的通知，其中明确指出要严格废气排放监管，加强对定型机废气的治理监管，对油剂回收率未达到95%以上的企业一律予以关停。但以上措施中所提到定型机的油剂回收只强调回收比例，而忽视了总量控制，这对于排放量较小的企业来说相对不够公平。

(三) 管理指标规定较为笼统

目前印染行业执行诸如《纺织染整工业水污染物排放标准》（GB 4287—2012）和《浙江省印染行业淘汰落后整治提升方案》（2012年）等环境管理执行标准对重复用水率、氨氮排放标准都做出了相应的规定。例如绍兴市规定印染企业重复用水率不低于35%，其中非棉项目不低于50%；钱塘江流域的未纳管印染企业，排环境废水必须达到氨氮≤10mg/l和总氮≤12mg/l标准；其他地区未纳管印染企业，按氨氮≤12mg/l和总氮≤15mg/l的标准执行（国家、省或行业新标准严于上述要求的，按新标准执行）。这些环境管理的具体指标多是针对整个印染行业的统一标准，但各个印染企业生产产品类型、生产工艺有很大差别。不同企业的产品生产结构不同，不同产品产生的废水的重复利用率提升空间也不尽相同。而采用统一的标准，使得企业面临相对不公平的政策环境。目前绍兴主要产品还比较低端，尤其对于里子布生产企业来讲，重复用水率较低，提升难度较大。一般染整废水总氮和氨氮并不很高，在10mg/l以下；但是印染企业如果采用活性印花工艺，需要用尿素，其废水总氮可达约300mg/l，处理达标相对困难较大。

（四）技术推广机制不健全

印染行业进行节能减排，实现环境友好型可持续的健康发展，离不开清洁生产技术和环境污染治理技术在企业生产和管理中的应用和提升。印染企业在环境污染治理过程中存在很多"共性技术"问题，如现有的排水体制、污水处理工艺、污泥处理、废弃处理等等方面，都存在着共性的技术问题。随着国家对于排污标准的不断提高，印染行业污染治理的"共性技术"难题会越来越多，而单个企业由于自身资金等方面的限制很难在技术上有所突破。本次调查发现，绍兴市印染企业对于环保技术的选择和应用都是企业自行决定，企业大多通过网上收集信息、现场调研同行企业的做法，来选用相关环保技术，而政府和行业协会并没有提供足够的技术咨询服务和技术支持服务。

（五）排污权交易未有效实施

随着环境问题的日益严重，市场化手段在环境管理中的应用越来越普遍。政府部门采取市场手段来治理污染，是在政府直接管制治理外的一条有效环境管理途径。我国很多地区引入排污权制度等市场化环境管理手段，并已取得了一定的成效。2009年7月，绍兴市环境保护局、绍兴市金融办联合发布了《绍兴县排污权抵押贷款管理办法

(试行)》,这也标志着绍兴市开始正式将排污权交易引入环境保护措施。然而,四年多过去了,该项措施对于绍兴市印染行业节能减排方面并未发挥其应有的作用。绍兴市印染行业的排污量占整个排污量的80%,而实际上排污权交易并未在印染行业中开展。根据调研发现,其主要原因在于当地环保部门主要采取总量控制的办法来进行环境监管,同时认为印染企业生产和排污规模较大而不宜采用排污权交易。绍兴印染业企业之间的排污权目前无法进行交易,市场手段对于排污治理的激励作用也无法显现。

(六) 绿色信贷政策不足

2010年4月,为加快以"节能减排"为重点的信贷结构调整,绍兴市政府出台了《关于对印染及化工行业"节能减排"信贷政策的若干意见》,以期通过绿色信贷管理手段来支持印染企业推进节能降耗、进行清洁生产、发展循环经济。然而在实践中,企业是否因环保问题而得到银行信贷优惠或信贷限制,完全由银行自行决定,与环保部门无关。环保部门仅向社会披露相关企业违法信息,与金融部门没有形成联动,没有参与信贷方面的建议权和决定权。金融部门对在环保方面做得好的企业没有实质性的贷款优惠,对在环保方面做得不好的企业也没有实质性的惩罚措施,企业环保方面的表现只是作为一种辅助性的参考。因此,绿色信贷对企业的吸引力并不大,所以该措施在推进节能减排和清洁生产方面的效果也不明显。

(七) 绿色采购体系未建立

强化企业社会责任,实施绿色采购体系,通过采购商对其供应商进行环境监督和管理已经在当前国际环境管理实践中得到越来越多的采用。然而,在调研中发现,很少有印染企业在其污染排放问题上受到其采购商的监督。纺织品采购商(服装采购商、服装品牌商)只是对纺织品质量本身进行环保监测,而没有开展染整供应商的环境管理,采购商在对供应商环境管理要求上的缺失,客观上促使污染企业降低环境成本去赢得其订单,给当地环境和社会造成了损害。然而现实中纺织品采购商当前通常只管理其"一级"供应商,即那些在供应链上游的零件制造商和衣料裁剪商。这些加工组装型工厂通常是劳动力密集企业,其带来的环境危害较小,而承接纺织和印染的订单的"二级"和更高级的供应商才是环境污染的重点。但材料供应商和纺织品采购商的关系一般不为外界所知,纺织品采购商因而也不会督促供应商环境表现数据的公开。因此,纺织品采购商想要负责任地系统化管理供应链环境影响也根本无数据可循,也就很难建立完善的绿色采购体系。

三 对绍兴印染行业环境管理的政策建议

(一) 健全行业排放标准体系

工业园区治污方式和单个企业治污方式有很大的不同。要按照治污模式的不同,规定企业不同的治污标准和要求。对于绍兴市这种污水"统一收集,统一处理"的模式应该尽快出台专门性的企业排放标准和治污标准。当前印染企业以中小企业居多,受技术和规模的限制,执行新标准难度大。像绍兴市这样污水统一纳管集中处理的地区不在少数,如江苏、广东和福建等印染企业集中地区,大部分采用集中处理方式,治理技术较高,管理经验也较为丰富,因而要根据治污模式的不同或企业排放纳管规模制定更细化的排污标准。同时,也要细化环境管理标准,根据企业生产类型和生产工艺特征细化环境管理标准。相关重复利用率标准的制定也应该根据产品类别区别对待,制定更为细化的针对产品类别的专门性的标准。要尽快制定印染行业专门性的废气排放标准。对于颗粒物和油烟的排放标准的规定不能只考虑浓度的要求,更重要的是考虑其排放规模和排放总量的限制。对于排放量较小的企业,可以适当放宽其排放废气浓度的要求。

(二) 健全排污权交易制度

环境容量在经济学意义上也是一种资源。排污权交易是环境资源商品化的体现,它可以充分发挥市场调节与政府管制的优点,在环境总量控制下实现环境资源的优化配置,可通过市场交易使排污权从污染治理成本低的企业流向污染治理成本高的企业。因而,尽管目前绍兴实施总量控制办法在一定程度上减少了印染业的排污,但依然需要综合运用市场化的管理手段促使企业进行技术改造、主动减少排污。

同时，绍兴市要在进行总量控制的基础上，积极完善排污权交易制度，建立一个完备的排污权交易市场，鼓励并吸引印染企业进行排污权交易。通过开放绍兴印染业排污权交易，推动排污权交易价格合理化，积极调动排污企业自主减排，使生产率高、效益高、污染边际收益高的企业购买排污权进行扩大生产，反之，污染边际收益小的企业出售排污权，优化资源的配置，推动企业转型升级，促进技术进步。

（三）完善环保技术支持政策

随着政府环保部门对印染业排污要求的不断提高，企业对于提升自身核心技术水平所带来的成本压力也日趋明显，技术的瓶颈也难以突破，政府的相关技术支持政策日显重要。从技术支持角度而言，政府需要做好以下几个方面的工作。第一，加大印染业产品、科技创新宏观调控力度。政府部门要对能提升产业竞争力、环境保护共性的技术予以更多的资金支持，从宏观上引领企业发展方向。第二，整合资源提升解决印染业污染治理共性技术问题。政府要通过整合技术攻关资金的投入，整合高校、科研院所和企业技术开发的人才资源来攻关绍兴印染业环境保护关键和共性技术问题。第三，建立印染业技术服务机构。引导成立行业协会或专门性技术咨询和服务机构，为企业提供环保技术信息，推广节能环保技术的应用。

（四）落实财政金融支持政策

财政的支持是推进企业污染治理的有力保障。在污染治理的政策要求下，绍兴印染企业进行技术升级和污染治理的成本大大提高，对于企业来说造成了较大的资金上的压力，虽然政府在财政方面有一定的支持，但目前支持力度与总成本相比较只占了小部分比例，企业依然面临着较大的压力。因此，当前有必要进一步加大印染企业排污技术改造财政支持力度，加大印染企业信息化改造财政奖励力度，积极推进资源税费改革并完善资源补贴制度。

绿色信贷是环保部门和银行业联手抵御企业环境违法行为，促进节能减排，规避金融风险的重要经济手段。绿色信贷的政策不能只停留在条文上，在实践中，需要加强环保部门与银行之间协作，形成有效的联动机制。环保部门需与银行配合制定相应的绿色信贷政策，及时有效地提供企业的环保信息，开展环保项目的认定，由银行、政府和企业三方共同来参与完成绿色信贷的实施工作，政府部门更多地充当指导与监督的角色。同时绿色信贷的实施不能仅仅依靠银行自身的自觉性，政府也要给予积极落实绿色信贷的银行相关激励，并建立有效的商业银行实施绿色信贷政策的激励与约束机制，为商业银行实施绿色信贷提供动力和压力。

（五）推动环境监管信息公开和绿色采购标识认证

环境监管信息公开是绿色供应链的重要基础。只有对印染企业强化环境监管，并实现环境排放和资源消耗数据在线监测数据的实时公开，才能够使得纺织品采购商（服装采购商、服装品牌商）对其产品在生产制造过程中可能产生的环境危害进行预判，并划分环境危害风险等级，纺织品采购商才能够对于环境危害风险高的产品以及制造商，在确立商业采购关系时和实施采购行为时，提出环境合规和环境改善的要求。

各级环境管理部门要进一步完善信息披露机制，进一步扩大环境信息公开，全面、及时和完整地向社会发布纺织企业的环境监管记录，同时推动企业公布其排放和资源消耗数据，以利于加强对企业的公众监督。同时政府部门可以对实行绿色采购和绿色供应链管理的企业进行鼓励，对实现绿色采购和绿色供应链管理的企业进行认证，提高其社会责任感，让其接受社会的监督，在全社会范围内形成绿色采购和绿色消费的氛围。（本节由马永喜等执笔，2015）

第二节　温州时尚产业高质量发展对策研究

时尚产业属于无烟产业、朝阳产业和创新创意产业，是纺织服装产业转型升级的战略方向，也是环境治理和绿色发展的重要途径，从根本上实现经济和环境的协同发展。本节通过探讨温州的时尚行业的背景以及发展现状，总结服装环境问题以及时尚行业的困境，从时尚行业建设角度提出如何推进温州服装纺织行业节能减排和生态环境治理。

一 温州时尚行业背景

(一) 产业发展面临日益复杂的国际新形势

当前,中美贸易战使得世界贸易紧张局势持续加剧,国际政策环境高度不确定,商业信心不断减弱。以美欧为代表的西方国家还存在内部经济结构失衡、社会两极分化等诸多矛盾,世界经济呈现出整体低迷的态势,制造业国际竞争格局也正在发生深刻变化。因此为应对当前国际困境,发达国家纷纷实施"再工业化"战略,加强对先进制造业前瞻性布局,抢占未来产业竞争制高点,全球制造业进入新一轮技术升级周期,我国制造业发展面临的国际竞争不断加剧。面对国际新形势和新压力,推动制造业高质量发展已经成为我国 2019 年七项重点任务之首,同时也是党中央、国务院坚定不移建设制造强国的重大战略部署。因此,坚持创新发展理念,推进时尚产业发展,不断提升温州制造业核心竞争力,既是贯彻落实国家重大战略部署,也是积极应对国际复杂形势的关键之举。

(二) 国内消费需求升级倒逼制造业新发展

我国社会主要矛盾已经转化为人民日益增长的美好生活需要和不平衡、不充分的发展之间的矛盾。制造业高质量发展的一个重要内涵,便是提高有效供给能力,满足人民日益增长的美好生活需要。随着城乡居民消费水平提高,生活必需品已经得到基本满足,具备个性化、多元化、高端化特征的产品越来越受到市场欢迎,原有以数量、规模、速度为主要特征的增长模式,已难以适应、把握、引领经济发展新形势的要求,如何更好地满足市场对高品质、高性能时尚产品的需求,成为制造业供给结构变化的新特点和新要求,这也为时尚产业发展提供了巨大机遇。为了更好地适应市场消费升级的需求,通过加速先进技术的应用,革新制造业传统生产方式和经营模式,推动生产和供给体系产出更优质的时尚产品,便成了抢抓消费需求升级机遇、提升制造业发展质量的必由之路。

(三) 数字经济赋能传统产业催生新业态

推进实施数字经济"一号工程",是浙江省委、省政府推进高质量发展的重大战略决策。数字经济不仅是世界潮流和时代机遇,也是新时代的一场新经济革命,更是传统产业实现转型发展、地区加快新旧动能转换的强大引擎。近年来,温州市制造业发展面临着产业层次不高、技术水平落后和创新能力低下等诸多瓶颈,如何推进制造业转型升级、提升产业核心竞争力已成了未来发展亟待解决的关键问题。为此,抢抓机遇、乘势而上,以"数字产业化、产业数字化"为主线,着力突破一批关键核心技术,积极培育一批数字产业集群,加快推进一批产业数字化改造项目,不断推动制造业高质量发展、提高核心竞争力,不仅是贯彻落实浙江省委、省政府实施数字经济"一号工程"的重要举措,还可为传统产业转型升级提供"温州样板"。

(四) 浙江加快向"时尚 e 都"新转变

为抢抓消费升级发展机遇,充分发挥时尚产业高创意、高市场掌控能力和高附加值等优势,浙江省先后出台了《浙江省人民政府关于加快发展时尚产业的指导意见》和《浙江省打造时尚之都,促进时尚产业改革发展行动方案(2020—2022年)》等文件,从而加快推进以"时尚 e 都"为核心的时尚之都建设,力争打造成为国内时尚产业发展的先行区和示范区目标。浙江从传统产业加工制造中心向以创意设计引领的时尚产业创造中心转变步伐不断向前推进,对省内各城市时尚产业发展提出了新思路和新要求。温州地处浙西南时尚产业带的核心位置,对推进浙江省时尚产业打造"一核两带多点"空间布局有着不可替代的区位优势和产业优势,这既是温州加快发展时尚产业的历史机遇,同时也是对温州如何实现传统产业转型发展的新考验。

(五) 时尚产业发展在国内外迎来新机遇

时尚产业具有高创意性和高品牌效应以及高附加值等特征,已成为全球竞相发展的重要产业。麦肯锡发布的全球时尚产业报告认为全球时尚产业正处于良性发展阶段,未来几年仍将持续增长,时尚产业在发达国家的社会生产和消费中发挥着越来越大的引领和促进作用,已成为国家经济增长的新引擎。2018年,全球时尚行业有半数以上的收益来自新兴市场,特别是中国已在奢侈品消费上超越日本,成为仅次于美国的世界第二大奢侈品市场。中国时尚产业正从追赶者向引领者过渡，也是率先进入具有全球竞争力的少数几个行业之一，国内时尚产业发展进入了前所未有的机遇期。

二 温州时尚行业环境的问题

（一）行业结构"低小散"，难以满足集聚集中减排

温州虽拥有服装、制鞋等时尚优秀产业发展聚集平台，但其他产业存在着低效率、小规模、散布局等块状经济难题，集群内企业规模普遍较小，分布不合理，难以对挥发有机物集聚排放。一是产业聚集群难以集聚。产业聚集群发展受配套生产力和资源不足等限制，导致产业转移困难重重，面临着终端产品停产和产业链断裂的风险。国内通货膨胀压力尚未减缓，土地资源制约及原材料和劳动力成本不断提高，产业聚集优势逐渐削弱。二是缺少专门园区规划，难以开展科学区域环境容量评估，来合理控制排放总量。三是中小微产业园区较为缺乏，同类企业较少，产业关联度处于相对离散状态，难以对产业园的排污治理进行统一规划。

（二）供给结构低端错位，高污染生产比重大

产业需求随着时代潮流不断转变，消费层次不断升级。但目前供给结构不合理，市场判断意识不够，产品供给低端错位，生产工艺设备落后，减排效益差。一是部分中小型企业技术水平和生产质量水平偏低，多处于加工制造环节，缺乏研发设计和上游标准制定，供给端仍在中低端徘徊，缺少减排的生产设备和技术人才。二是温州多以传统制造业生产为主，随着5G、人工智能时代的到来，消费品牌和习惯不断升级，企业未能及时运用"互联网+传统生产"的生产模式，在数字经济时代没有紧跟消费趋势，将传统消费转向新兴消费，未能结合技术发展进行生产升级。部分生产环节数字化改造难度大。时尚产业生产环节所具有的独特的特点，导致生产流程信息化改造存在较大困难，部分生产环节依然存在较多劳动力参与，无法进行信息化改造，尤其是当企业销量达到6000件以上才有智能制造的必要，严重限制了企业进行数字化技术研发的意愿。三是与国际品牌相比，温州

时尚产业仍以高污染生产环节为主，研发设计环节仍存在较大差距，难以满足提质增效的需要。首先是企业认知程度不高。大多中小企业还没有从战略全局高度看待研发设计，参与研发设计的积极性有待进一步调动。因企业对产品质量与生产效率的设计价值不够重视，产品定位呈现同质化，导致恶性竞争。是技术研发核心环节受制于人。温州市缺乏面料生产和研发企业，产业链上游核心环节话语权缺失，导致面料采购成本高，面料厂商占据行业绝大部分利润，且关键原料控制在意大利等国，关键设备依赖德国等国，企业自主研发设计难以展开。

（三）政策平台协同缺失，难以满足环境优化需要

服装产业是时尚产业发展的核心领域。一是目前针对服装的产业平台、园区、特色小镇比较缺失，在带动服装等时尚产业环境升级发展方面缺少核心驱动载体，支撑能力比较薄弱。本土企业普遍规模较小，集聚效应不突出，生产设备和排污设施较为落后。同时平台建设支撑不足，缺少成熟的产业互联网平台，无法实现产业协同创新、云交易、数据共享、市场预测等功能。二是政策稳定性与针对性不强。既缺乏行业公共服务空间或产业创新综合体技术支持，也缺乏时尚产业生态升级的资金支持。时尚产业政策的定位准确性和稳定性不强，政策落地性和针对性有待提升，同时针对大中小企业政策的差异化不够凸显、针对本地特色传统产业的支持力度较弱。三是环境审批和监管力度不够，缺少环境管理规范和人员培训的指导。当前审批环节流程多，环保政策缺乏系统宣传讲解和科学对策建议，全方位全流程定点帮扶不足。

三 对策建议

（一）数字赋能改造升级，开放深化聚集合作

一是加快传统时尚产业数字化改造提升，通过数字化建设实现合理控制污染排放总量。围绕"国内领先、国际一流"建设要求，创新五大路径，推进五链齐抓，促进温州时尚产业数字化、智能化、国际化发展，到2022年时尚核心高端产业规模达到1000亿元以上，初

步构筑质量效益高、产业结构优、时尚制造强、体制机制新、动能转换成效显的现代化时尚产业格局，建立浙江省时尚产业转型先行区、高质量发展示范区，将温州打造成为世界时尚智造第一城。首先，以鹿城中国鞋都、瓯海经济开发区、永嘉工业园区等为重点，引导服装、鞋革、眼镜等传统时尚企业根据自身情况制定信息化建设方案，推进企业业务系统向云端迁移，通过互联网整合产业链上下游资源，在研发、生产、销售、服务等各环节促进信息技术与产业深度融合。其次，依托数字赋能，助力传统时尚产业对产品设计、生产、销售、服务等环节进行流程再造，大幅缩短创新设计到产品上市的时滞，以适应时尚产业快消品的特征。最后，鼓励企业利用云计算技术进行大数据分析，迅速、准确了解客户需求，利用信息技术控制生产模块的精细化与重组性，实现大规模个性化定制生产。推进时尚新兴产业数字化培育。为实现这一目标，首先，鼓励森马、报喜鸟、康奈、奥康、红蜻蜓等温州时尚龙头企业，与在温软件信息服务产业开展企业间合作研发，实现优势互补，大力发展智能穿戴、智能服饰、智能居家等新兴产品，抢占时尚产业新产品市场发展先机。其次，由政府牵头，鼓励时尚产业骨干企业依托大数据与工业互联网平台，大力发展3D人体、3D试衣、VR购物等时尚产业新兴技术，实现时尚产业消费全方位数字化融合。最后，设立由政府引导、市场化运作的产业发展专项基金，加大对时尚产业新产品、新技术开发的支持。在数字化产业转型升级的同时，来合理控制污染排放总量。

二是开放深化区域合作，重构产业链。立足浙闽赣，融入长三角，同类企业集聚，产业园的排污治理进行统一规划，推动温州成为长三角都市群时尚产业重要节点城市。首先，加快时尚产业园建设。以森马、报喜鸟、奥康等时尚产业龙头为中心建立时尚产业园，布局创业创新中心、设计研发中心、智慧物流中心等核心模块，建设时尚全产业链数字智能中心、电商及物流平台、众筹合伙人创业平台、金融投资平台等，完善产业园服务链。围绕时尚产业块状经济特点，优化小微园建设布局，以鹅湖先进制造园为试点，协调谋划和建设龙湾时尚小微智造园、慈湖科技创业园、郭溪梅屿小微园等若干个时尚产业小微企业园，打造成为时尚小微企业高质量发展的产业综合体。采用"区中园""园中园"模式，鼓励老旧工业区（点）通过有机更新改造建设时尚产业小微企业园。积极探索"政府主导、企业代建""片区企业组团开发"等模式建设时尚产业小微企业园，鼓励多主体、多元化建设开发模式并存。通过产业集聚来进行集中节能减排。其次，紧抓长三角一体化发展战略契机，加强时尚产业重大项目谋划招引和推进实施，积极吸引优势企业、领先项目、创新产品落户温州。加强与长三角时尚产业平台协作，更好承接上海时尚产业转移与资源外溢，加强与东华大学上海国际时尚创意学院、华东师范大学设计学院等重点高校合作，建立时尚产业创新联盟，拓展"设计在上海、转化在温州"的合作模式。围绕浙江"大湾区大花园大通道大都市区"建设，以国际时尚智造为特色建立温州民营经济之都，对接上海、杭州、宁波等地高校资源、人才与科技力量，加快承接长三角时尚产业转移、技术转移，以温州为中心打造长三角南翼时尚产业都市区。对接"海西"经济区建设，将温州打造成为对台合作前沿区、时尚产业聚集区，成为长三角南翼、海西区北翼和海上丝绸之路的重要增长极。准确定位、主动融入海西区建设，突出温州时尚产业在区域经济一体化等中的重要地位，加强对台商的推介力度，组织赴台湾和上海、厦门、东莞、昆山等台商集聚地开展对台招商活动，紧紧把握重要战略机遇期，更加主动地融入浙江和全国时尚产业发展的潮流中，努力求得更大更快发展。与周围城市的经济与节能减排共同建设，带动辐射影响。最后，抢抓"一带一路"发展机遇，鼓励时尚企业"走出去"。一是，加强对"一带一路"沿线国家的直接投资与进出口贸易，着力开拓国际市场，在时尚产业培育一批"品质浙货"出口领军企业，加大境外经贸合作区与境外商品城的建设力度，在"一带一路"沿线国家建立时尚产业品牌宣传平台、产品展示展销中心、仓储物流服务和OTO跨境批发电商平台，并辐射周边国家和地区，不断完善国际营销网络，借助温州出海口优势与地处浙闽赣交界处的区位优势，形成浙江时尚产业出海大通道，推进时尚产业跨境电商普及应用，拓展外贸发展新空间。二是，鼓励温州银行牵头打造专属金融产品、建立国际金融专家团队,为温州"走出去"时尚企业提供融资与融智的双重支持,强化贸易投融资与"一带一路"沿线国家投资咨询服务,帮助时尚温企抢占"一带一路"商机。让绿色发展成为优势。

三是积极探索时尚产业工业互联网平台建设,通过平台支撑集聚集约,完善生态链。首先,依托温州市软件行业协会、省级软件和信息服务产业特色基地建设的契机,在服装服饰、皮革皮鞋、时尚眼镜等重点产业领域打造国家级大数据产业园和软件园平台,通过平台来进行污染治理和宣传。其次,鼓励在温互联网企业、工业信息工程服务商、软件企业等牵头建设具有专有技术、专业知识、开发工具的产业级互联网平台,打造创新设计大数据温州中心。最后,鼓励大型时尚企业围绕产业链数字化、网络化、智能化需求,搭建企业级开放互联网平台。各层级工业互联网平台应共同加速时尚产业新产品开发、数据上云、智慧物流与跨境电商发展,推进商流、物流、信息流互为融通,服务温州时尚产业智慧化提升,并通过云端智能来实现节能减排目标。

(二) 创新引领高端转型,提升价值链

一是加快时尚产业创新与高端品牌建设。首先,大力实施时尚产业创新驱动发展战略,全面推进技术创新、产品创新、工艺创新,加快新材料、新工艺、新设备的引进投入,推动时尚产业向高科技、高附加值方向发展。其次,强化品牌意识,大力实施时尚产业高端品牌建设工程,鼓励龙头企业制定自有品牌培育和发展战略,积极参与"浙江制造"认证,着力引进一批"国字号"品牌,升级一批区域名牌、创建一批设计师品牌,内外发力共同促进品牌提档升级。最后,重点支持时尚温企实施品牌全球化战略,通过聘请国际知名代言人与嫁接国际知名品牌两条路径,提升品牌的国际影响力。同时,鼓励时尚龙头企业境外注册商标,加强与国际时尚传媒机构及买手合作,拓展品牌国际化之路,扩大自主品牌国际知名度,提升时尚产品附加值。重点发展时尚服装服饰业、时尚鞋革制造业和时尚眼镜制造业,鼓励发展时尚创意设计服务业、时尚家居及休闲用品业、时尚文化体育用品业和时尚消费电子。时尚服装服饰业，重点发展中高档男装、时尚女装、商务休闲装、潮流童装和职业装，全力建设"中国服装时尚定制示范基地"和"中国纺织服装品牌中心城市"，努力打造中国时尚服饰中心城市。时尚鞋革制造业，重点发展高级定制、高端商务、时尚休闲、健康舒适、功能专用等皮革制品，加快新型鞣剂、染整材料等新材料发展，巩固提升鹿城"中国鞋都"时尚制造区，打造国内重要的鞋革基地。时尚眼镜制造业，重点发展具有时尚度高、功能性强、品质优特点的高端光学眼镜、时尚太阳眼镜、高端运动眼镜、老视眼镜。积极发展医学可视眼镜等实用性、时尚性强的功能型镜片。巩固提升"中国眼镜生产基地"，努力打造国际性眼镜制造基地。时尚创意设计服务业，重点发展时尚鞋样设计、服装设计、包装设计、智能装备/产品设计等工业设计产业。依托瓯越文化内涵，重点发展创意设计、工艺美术、文化制造业、影视动漫等优势产业，打造具有区域特色的文化创意产业群。时尚家居及休闲用品业，重点发展家具、厨具、家电、照明灯具、家用纺织品、宠物用品、锁具、智能电气等，努力打造成为浙江省重要的时尚家居用品基地。时尚文化体育用品业，重点发展中端档笔类产品，积极发展积木、智力拼装、遥控、拼图等少儿系列益智玩具，鼓励开发现代新型教学仪器，推动互动性、体验感强的游乐设备开发，引导行业向无动力大型户外游乐设施、一体化解决方案方向发展。时尚消费电子，重点发展可穿戴电子产品、智能传感器、智能家居等引领现代生活方式的新兴制造业，鼓励发展增材制造（3D打印）、激光应用设备、关键新材料等产业。

二是大力推进时尚产业链协同创新，加快建设时尚产业创新服务综合体。首先，顺应鞋服眼镜消费时尚化、个性化、多元化的新趋势，鼓励时尚产业龙头企业牵头开展数字化设计、上游高端面料等时尚智造关键共性技术攻关，推动时尚企业向价值链的研发、设计端攀升。其次，针对产业转型升级和中小微企业技术需求，引导时尚企业联合攻关行业重大、关键、共性技术，着力突破制约产业发展的关键、共性技术难题，实现时尚产业链协同创新。最后，支持时尚产业骨干企业与温州大学、浙江理工大学瓯海研究院、温州职业技术学院等高校、科研院所通过股份制、共同出资、技术入股等形式合作共建研发实体和产业技术创新联盟，建立开放型协同创新体系。首先，加快建设集研究开发、创意设计、检验检测、知识产权、标准信息、成果转化、创业孵化、国际合作、融资担保、展览展示、教育培训等功能于一体的时尚产业创新服务综合体，为服装中小企业提供技术创新、业态创新、营销模式创新等全链条服务。其次，采取政府投资、企业合资、混合投资等多种方式，通过新建、租用、变更等多种途径，确定创新服务综合体建设规模，配齐创新服务必需的研发、设计、检验、检测等方面的设施设备，满足综合体功能建设和一站式综合服务需要。最后，进一步发挥浙江省温州服装产业技术创新服务平台、温州市鞋革行业科技创新公共服务平台等创新平台的作用，为服装、鞋革企业提供应用技术的开发研究、成果转化、产业孵化、技术咨询、标准研究和技术集成等方面的综合服务。

三是加强产学研创新平台建设。首先，聚焦时尚产业创新要素，加强政产学研资介的合作，逐步形成联合开发、优势互补、成果共享、风险共担的协同创新机制。其次，建立由政府部门、时尚产业龙头企业与温州大学、浙江理工大学瓯海研究院等高校与研究机构组成的时尚产业政产学研用联盟，打造时尚产业发展共同体，在政府部门的推动下，加强高校时尚产业专业教育与实践相结合，夯实高层次技术创新人才队伍基础，促进时尚产业协同创新与科技成果转化。最后，推广应用科技"创新券"，推进检测、质量认证、工业设计等开放式专业服务平台建设，推动科研设施与仪器向温州时尚企业开放共享，鼓励企业自主的省级及以上创新载体，为温州时尚企业提供公共技术服务。通过技术创新来推动绿色生产、节约资源和减少污染。

四是完善人才招引与服务平台建设。首先，建立海外顶级设计师招引工作站，通过提高引进待遇、柔性引进等方式招引国外一流设计师与国际奢侈品牌前设计师等顶级设计人才，建立"大师工作室"，弥补温州时尚产业设计环节薄弱的不足。同时，依托省"千人计划"温州产业园等，定期开展时尚产业引才活动，加强对时尚文化产业领军人才、知名设计师、品牌运营人才和创新团队等的引进，吸引高层次人才长期入驻温州。其次,构建多渠道、多层次时尚产业人才培养体系,发挥省内高校、科研院所、省级重点企业研究院等平台的集聚作用,加大领军型创新人才、创意设计人才、经营管理人才、市场营销人才、法律人才、高技能人才和传统手工艺人才的培养力度,支持在温高校、时尚行业服务机构对企业职工开展制造工艺、经营管理、品牌营销、电子商务等方面的职业培训。最后,完善人才认定体系。一方面,探索建立与职称评审衔接挂钩、联动推进的工作机制,推广"以赛代评"等方法,简化技能等级和职称认证;另一方面,以行业协会牵头,依托浙江理工大学瓯海研究院等单位设立职业技能鉴定所,推进时尚行业设计师、版师、工艺师等职称资格评定工作,建立不同梯队、不同种类的时尚产业人才队伍,加强人才职业获得感。一方面通过人才推动产业升级转型,实现从高污染的加工制造到无污染的时尚品牌转变;另一方面通过人才来推进科学管理和技术创新,实现绿色生产。

(三)改革优化环境,优化服务链

一是深化"最多跑一次"改革,简化关于节能减排的环境审批手续。首先,探索在时尚产业重点园区设立行政服务窗口,统一受理园区内的省、市、县三级行政审批事项,做到"省级以下审批事项办理不出园区"。其次,加快构建集园区开发、资本运作、成果转化、企业服务于一体的园区运作新机制,加强资本运作与园区管理之间的互动。最后,深化通关便利化试点,扩大特险保单融资覆盖面,简化外贸税收优惠事项办理,为温州时尚民营企业提供绿色审批通道。

二是强化温州市及各区时尚行业协会的建设,通过行业协会来协调发展。首先,设立男装、女装、童装、鞋帽、眼镜等行业协会分支机构,按照行业与企业类型细化工作,加强精准服务,健全时尚产业运作监测功能,关注内外发展形势,加强产业内合作,助力时尚产业快速发展。其次,积极发挥行业协会在政企沟通中的桥梁纽带作用,不断拓宽行业协会服务面,走高质量发展之路。有效发挥行业协会对温州时尚产业发展的指导作用,推动行业的节能减排和绿色生产。

三是加强时尚产业发展的组织领导和统筹协调。首先,在浙江省时尚产业发展工作协调小组的领导下,有效发挥时尚行业协会在政策研究、标准制修订、宣传推广、人才培训、交流合作等方面的积极作用，统筹协调温州时尚产业健康可持续发展和节能减排的统一规划。其次，加强温州时尚专业智库建设，建立全国时尚产业信息发布中心，研究发布时尚产业发展指数，建立完善评价体系，定期发布节能减排的指导信息。最后，加强企业信用体系建设，加大时尚创意设计、专利技术、商标品牌等知识产权保护力度，严厉打击各种侵权行为，营造公平竞争、有序发展的市场环境。对于污染严重企业进行整顿、关闭，进行重点整治，对于符合规范提升或者可以集聚入园的企业进行搬迁入园或者集聚生产。

（本节由朱旭光、王晓蓬、奉小斌、杨君等执笔，由温州市科学技术协会《科技工作者建议》（总第 70 期）刊发，获浙江省委常委、温州市委书记陈伟俊批示，并在 2019 年世界（温州）青年科学家峰会上做主题发言）

第三节 全球五大"时装之都"纺织服装业产业升级对策

本节对巴黎、纽约、伦敦、米兰、东京全球五大"时装之都"发展历程和先进模式进行全面系统的梳理分析，提炼它们的时尚产业特色和亮点，强化国际对标对浙江省纺织服装转型升级的推动作用，重点围绕开发设计、标准制定、品牌塑造、产业联盟等环节，着力补齐纺织优势领域的短板，对浙江省推动纺织服装产业转型升级、加快发展时尚产业，实现从传统产业加工制造中心向以创意设计引领的时尚产业创造中心转变具有重要的启示价值。通过对于产业升级的探讨，来实现由传统加工制造到品牌时尚的过渡，从根本上解决服装行业带来的环境污染问题。

一 全球五大"时装之都"的核心做法和主要经验

（一）制定中长期发展战略规划

一是制定长远的时尚产业发展规划。法国把时尚产业作为支柱产业，巴黎计划在 2015—2020 年向时装业注入 5700 万欧元，制定实施时尚产业发展国际化战略。2016 年，法国时尚产业收入 124.55 亿美元，预计到 2021 年达 202.91 亿美元；2016 年消费者数量为 1980 万，预计到 2021 年增长到 2940 万，巴黎时尚产业带来的收入超过汽车行业和航空工业的收入之和，GDP 贡献率占全国的 2.7%。伦敦发布《伦敦：文化资本——市长文化战略草案》，明确提出要将伦敦建设成为世界级的时尚文化中心，在文化机构设立、基础设施建设、旅游产业打造、创意产业资金支持等方面提出了 12 项具体实施措施。二是发挥行业协会的专业化功能。美国的服装生产商联盟基金会（Fashion Manufacturing Initiative，FMI）主要宗旨是筹资以投资支持纽约的生产制造企业的发展，主要方式是改善企业的生产设施，为设计师和生产制造商提供交流平台，提供专业指导和教育课程，帮助企业成长和专业化，以及将各级设计师和当地制造商等资源进行整合。法国高级时装工会由高级时装协会、高级成衣设计师协会、高级男装协会三个联合会组成，主要职能是把巴黎打造成为创造之都、推动新兴时尚品牌发展、利用高新技术在时尚产业各个环节建立协作优势、维护知识产权、与高校合作设立培训项目和解决共性问题，为工会成员提供信息、咨询等五大功能服务。意大利纺织服装协会包括纺织服装产业联合会（SMI—ATI）、国家时装商会（CNMI）、对外贸易委员会（ICE）、奢侈品制造商协会（ALTAGAMMA），代表整个纺织服装企业的利益，也是意大利和其他国际性组织进行交流和对话的官方代表，在保障质量和服务的同时，维护纺织服装行业的竞争力和创造力。三是设置产业规划的推进机构。比如，法国财经就业部于 2008 年在法国工业发展战略总司下设立的纺织服装和皮件工业发展处，专门负责规划相关产业政策和制定相关战略，整合产业生产资源和产业供应链，服务范围不只覆盖法国的大企业。

（二）大力打造全球高端"时尚中心"

一是开办高端时装周。法国每年六届时装周，其中 2 次女装成衣、2 次男装、2 次高定，每年产生的收入共计 103 亿欧元。巴黎全年有超过 300 场时装秀，这不仅为法国带来国际荣誉和经济效益，而且塑造了法国在全球时尚界难以取代的领导者地位。二是举办高端艺术沙龙。巴黎是最早成为时尚中心的城市，早在18世纪法国宫廷贵族就举办艺术沙龙，这些艺术沙龙聚集了当时最受欢迎的艺术家、文学家和贵族人士，同时，这些艺术沙龙也成为上层人士与贵族的时装秀场，这便是早期法国时尚流行传播的重要方式。三是打造时尚产业推广平台。纽约是《女装日报》、《vogue（《时尚》）》、《时尚芭莎》等主要时尚刊物的中心，拥有先进的媒体技术和市场资源，为推广时尚产品和建立品牌提供了资源支撑，安泰勒、布鲁克斯兄弟、卡尔文·克莱恩、洛卡薇尔和唐可娜等国际公认的品牌都将其总部设在纽约。法国不仅有自己土生土长并在世界时尚传媒立于不败之地的 Elle，也有 Vogue 和 Happers Bazaar 等世界知名时尚杂志的法国版，还有在世界范围内都拥有巨大影响力的法国时尚电视台也成为法国时尚宣传的重要工具和时尚阵地，这些杂志和电视媒体是全球时尚界了解法国的窗口，影响着全球的潮流趋势和时尚经济。

（三）实施时尚产业人才培养计划

一是开展人才培训项目。五大"时装之都"当局政府通过设立各层次的职业技能培训机构，对各岗位从业人员进行无偿技术培训和专业化训练。法国1994年底专门成立了欧洲工会联合会（FORTHAC），为纺织服装业员工提供专业培训。英国政府2012年4月颁布设计培训项目，旨在培养高端设计人才，只要年满16周岁的能够在英国工作的非全日制学生人员都可以申请该项目。二是启动实施专业人才培养计划。五大"时装之都"所在国家均推出了时尚产业相关人才培养计划。比如，英国推出的"创意英国——新人才新经济计划"明确列出26项承诺和举措。美国拥有超过200所大学，培养时尚专业学生。三是对时尚人才进行扶持和奖励。英国2006年设立时尚前沿奖（Fashion Forward），专门帮助那些在伦敦时装周上崭露头角但尚处于个人事业起步阶段的新兴设计师。设立专项基金支持设计师成长，BFC/时尚设计师基金成立于2008年9月，基金会提供给英国设计师高达20万英镑的奖金以及高水准的专业指导和支持，决赛选手还会获得额外的奖励和商业支持，帮助他们把所创立的处在成长阶段的创意企业打造成国际化的时尚品牌。

(四) 因地制宜推进纺织服装产业结构调整

发达国家在进行纺织产业结构调整和纺织经济转型的过程中有成功经验,也有失败教训,对浙江省纺织产业转型而言具有借鉴意义。一是制定纺织服装产业转型升级路线图。第二次世界大战后日本的棉织物出口额占日本出口总额的30%以上,在世界纺织品出口市场上占据优势地位,但随着本国劳动力锐减以及劳工工资的快速提高,日本政府出台一系列措施来引导日本的纺织产业转型升级。20世纪60年代末,日本的纺织产业采取逐步推进的方式进行了六次重大产业结构调整,1967年实施《纺织服装业结构调整临时措施法》,设立纺织服装工业结构调整协会(1994年改名为纺织服装产业结构调整协会),培养纺织服装企业的出口竞争力。二是推进时尚产业集聚发展。米兰的时尚产业以意大利传统的产业集群为基础,致力于建设以展示中心为主的城市时尚产业聚集区。意大利纺织服装行业内的生产企业分布相对集中,纺织服装工业区有17个,主要位于科莫(Como)丝织品工业区、卡尔皮(Carpi)和特雷维佐(Treviso)针织品工业区,具有很强的专业性和地域性,形成模块化的地区分布模式和完整的地区间合作系统。三是注重时尚元素设计。英国的时尚设计有着独特的精神和能量,影响了全世界时尚产业的发展思维。从设计师的前沿的创意思维到精细的工艺,独创性和专业化使英国成为世界上最有影响力的时尚中心。根据英国"设计委员会"的《The Design Economy》调查报告,英国的时尚设计产业产值达717亿英镑,相当于英国GDP的7.2%。

(五) 加强时尚产业知识产权保护

时尚设计属于智力密集型产业,由于投入高、风险大,容易被仿制等特点,需要通过行业规范和知识产权等相关法律来保障。"五大时尚之都"所在国家均对时尚产业提供了一定程度的法律保护。比如,英国1998年颁布《版权、设计和专利法案》强调,时尚设计是原创的"艺术作品",获得版权保护法的自动保护。美国参议院2012年12月修订颁发《创新设计保护法案》,延伸了对服装设计的保护,其中提出:"对时装设计保护的内容包括:纹饰图案、原创的元素设计或原创的元素组合形式,抑或非原创元素的整体外观设计都可以满足注册要求。"法国《知识产权法》中特别提出保护原创作品一项,涉及范围包括那些反映作者个性想法的作品,并指出作为季节性产物的服装也属于版权法保护对象。

二 启示与建议

(一) 深化细化浙江省时尚产业发展规划

浙江省已编制时尚产业发展规划纲要(2014-2020年),但需进一步形成"1+N"的时尚产业振兴政策体系,尤其是纺织服装产业的供给侧结构性改革需要有细化的行动方案。一是把品牌建设作为服装制造业改造提升的突破口和着力点。借鉴意大利、法国、英国等时尚品牌构筑方式,以实施"三品"战略为核心,对标国际先进国家和时尚之都,支持企业自主品牌化发展。遴选培育100家左右的纺织服装品牌企业,推动一批纺织服装产业集群区域品牌试点,全省培育纺织服装制造业"三名"试点企业120家,打造120家"浙江制造"品牌企业。二是把设计放在服装制造业改造提升的核心位置。借鉴日本纺织产业结构调整循序渐进的改革方式,实施纺织服装业"设计+"行动,大力培育一批设计水平领先的纺织服装企业,积极推进余杭艺尚小镇、义乌工业设计中心、诸暨市工业设计基地等创新设计载体建设,积极布局建设纺织服装行业创新服务综合体。鼓励有条件的龙头骨干企业到国内外收购知名研发机构,力争到2020年浙江省纺织服装制造领域新增5家省级重点企业研究院,创设30家省级以上企业技术中心。三是把标准放在纺织服装制造业改造提升的重中之重。对标意大利、法国等国外时尚先进制造标准,制(修)订一批高水平的国际标准、国家标准、行业标准,加快推动浙江省标准上升为国家标准甚至国际标准,力争到2020年,全省纺织服装制造业新增"浙江制造"标准30个左右、国家标准10个左右、国际标准2—3个。四是规划建设一批省级纺织服装制造业改造提升试点基地。支持时尚企业运用智能制造技术探索大规模个性化定制、小批量柔性化生产等纺织服装行业新制造新模式,引领带动行业快速突破、率先升级(见表7.1)。

表7.1　　　　　　　　　　纺织服装对标品牌和路线图

重点领域	分类	主要技术路线	对标品牌
休闲男装	时尚夹克	真皮、高级化纤混纺夹克	法国路易威登 意大利阿玛尼
	运动服装	应用纺织新技术、新材料的时尚、舒适的休闲运动服装产品	
	衬衫	新款型、新面料、定制化衬衫产品	
	羽绒服	户外羽绒服、轻型羽绒服饰等	
都市女装	风格女装	品牌化、时尚化风格女装	法国香奈儿 广东哥弟
	丝绸服饰	具有时代特色的丝绸女装服饰	
时尚童装	婴幼儿服装	绿色安全、新型面料婴幼儿服装服饰	米奇妙
	中大童服装	品牌化、时尚化中大童服装服饰	
高端定制服装	高端定制西装	高档面料、"一人一版"个性化定制的高端西装产品	英国 Savile Row
特殊服装	户外服饰	具有速干、抗寒、透气等功能的户外服饰	始祖鸟 狼爪
	功能服饰	防火、医护人员服装服饰;防辐射、防静电、防尘服装服饰	

资料来源:《服装制造业改造提升实施方案》。

(二) 加快建设时尚之都和时尚之城

一是杭州、宁波两大中心城市应结合国际化定位,加快建设全球时尚之都,对全省纺织服装产业高质量发展形成强大的牵引力和支撑力。二是打造一批时尚产业特色小镇。大力推进余杭艺尚小镇、濮院毛衫小镇、诸暨袜艺小镇等特色小镇建设,力争到2020年全省服装制造业领域创建3—4家省级特色小镇。三是积极推动传统纺织服装块状经济转型升级。加快嵊州领带、诸暨袜业、绍兴纺织、濮院羊毛衫、织里童装等特色产业集聚区转型升级。四是打造一批服装创新设计公共服务平台。目前,浙江省国家级创新设计平台载体建设比较滞后,比如全省纺织领域共有国家企业技术中心3家,低于江苏的5家、山东的8家。对此,亟须加快建设一批集服装设计、检验检测、展览展示、教育培训等功能于一体的服装行业创新服务综合体,打造一批创意设计资源集聚度高、在国内外具有较强影响力的服装创新设计基地，力争布局建设 2 家以上服装行业创新服务综合体。五是按照高起点规划、高标准建设、高质量集聚项目，加快建设一批时尚产业小微企业园区，力争全省提升发展 100 家左右小微企业园。

（三）着力打造时尚产业总部经济

一是大力发展总部型企业。加快推进龙头企业总部基地建设，全面推动龙头骨干企业开展技术创新、管理创新、生产方式创新和商业模式创新，加快向集"设计研发、运营管理、集成制造、营销服务"为一体的企业总部转变。二是成立"浙江省时尚创意产业联盟"，组织各大品牌企业参与五大时装周，全力打造时尚创意产业总部经济，引进全球高端时尚设计师和知名时尚品牌，尽快推动杭州等地跻身全球时尚城市行列，进一步提升浙江省在时尚界的国际知名度。三是支持龙头骨干企业借助"凤凰行动"上市。加快推进时尚企业登陆创业板或科创板，鼓励有实力的时尚企业海外上市，接轨全球金融市场。鼓励上市时尚企业通过收购、兼并、资产重组、品牌联盟等形式延伸产业链、提升价值链。力争到 2020 年，全省纺织服装制造业完成股份制改造企业 120 家以上，新增上市企业 12 家左右，培育国际竞争力较强的本土民营跨国公司 2 家以上。四是探索设立时尚产业发展基金（纺织服装转型升级专项基金），专项用于支持纺织服装产业转型升级。

（四）探索设立时尚产教融合联盟

一是成立省时尚产教融合联盟。聚焦做大做强时尚产业，建立产教融合的时尚产业教育模式、人才培养和就业创业联合体，实现区域内教育优势互补、资源共享。二是大力建设 20 个时尚企业研究院。在全省遴选 20 家具有核心竞争力的时尚企业龙头，建立省级重点企业研究院，支持企业加快技术研发和标准建设。三是建设时尚产业智能制造示范工厂。大力开展服装制造业"机器人+""大数据""物联网"与智能制造试点示范行动，大力推广 CAT/CAD/CAM 集成系统、生产制造执行系统（MES），积极探索大规模个性化定制、小批量快捷柔性化生产等新模式，支持建设一批全省服装制造业装备制造重点项目。加快建设一批服装行业示范"智能工厂"，集成应用 MES、ERP、PLM 等信息系统，促进机器设备的互联互通，构建联网协同、智能管控、大数据服务的制造新模式，力争到2020年，全省建成10家左右的纺织服装智能制造示范工厂。四是制（修）订《时尚人才培养产教融合联盟章程》《时尚人才培养产教融合联盟议事决策制度》《时尚人才培养产教融合联盟内教师、工程技术人员双向兼职管理办法》《时尚人才培养产教发展联盟学生实习管理办法》等。

（五）构筑时尚产业高端人才集聚区

目前，浙江时尚教育和创意人才的培养已逐渐引起政府和高校的关注，但与国外知名设计类院校相比，时尚教育整体起步晚、基础差、人才缺，教育资源有待完善。在提高教育水平和改善教育资源的基础上，借鉴五大时装之都对人才培养的方式，与龙头企业和国内外时尚高校加强合作，引领时尚产业向高端化发展。一是支持浙江理工大学建设国际时尚学院，加强与国际五大时尚之都的合作，建立时尚人才联合培养机制，完善国际时尚设计师人才培养体系。二是支持中国美院等高校和中职院校加强服装设计、表演、展览展示等专业学科建设，建立多渠道、多层次的服装设计人才培养体系。三是大力支持一批设计名师、设计师工作室建设，鼓励服装设计师及个人工作室参加国内外专业大赛，促进新锐设计师成长。四是支持杭州电子科技大学、浙江工业大学等高校加快发展纺织服装加工制造业、装备制造业、电子制造业，加快推动纺织服装制造与人工智能结合，提升纺织服装的智能化生产能力。

（本节由孙虹、陈文兴、李加林、王晓蓬等执笔，由《决策咨询（第709期）》刊发，获时任浙江省省长（现任省委书记）袁家军批示，指出："加快我省时尚产业转型升级，打造'时尚之都'是重要发展方向。请兴夫同志并经信委阅研。"（见批示序号：家军2018第2027号）；获副省长高兴夫批示，指出："请省经信厅牵头，会同省科技厅等相关部门和浙江理工大学研究中心落实袁省长指示，充分借鉴全球五大'时装之都'经验和做法，充分采纳相关建议，制定我省时尚产业改革发展行动方案，3月底前完成并专题论证。"（见兴夫2019第014号））

第八章 研究结论与政策启示

本书基于转型升级理论、环境规制理论、制度演化理论等三大理论基础，首先，构建了纺织产业节能减排制度理论的分析框架，并基于生命周期理论研究了国家节能减排政策的具体实施对于不同企业减排绩效的影响。其次，深入探讨了企业环境信息披露的影响因素、可能结果及其中的作用机制。最后，运用生命周期评价方法、仿真模拟法和碳足迹核算法等研究方法，对纺织企业碳足迹进行了结构突变检验。本书研究得出了有关制度与环境、经济、生态绩效之间的互动关系和内在影响机制，同时拟设计出更加适合纺织产业发展的制度环境资源。本章则就全书的主要研究结论进行一个概括总结，并依据所得结论提出相应的政策启示以及进一步的研究展望。

第一节 主要研究结论

第一，国家节能减排政策的实施显著削弱了纺织产业的污染能耗，而不同政策的出台及企业异质性因素使得具体政策的作用效果表现出非对称特征。本书基于处于生命周期不同阶段的纺织企业，研究了国家节能减排政策的具体实施对不同企业减排绩效的影响。分析发现：（1）国家节能减排政策实施后，纺织企业单位能耗及污染排放均显著下降，实证支持了该系列政策能有效减少纺织产业污染能耗。（2）异质性节能减排政策的作用效果具有非对称特征，即由于政策时滞效应、企业生命周期等原因，具体政策的有效性表现出显著的个体差异。（3）节能减排政策对纺织企业生产行为的影响是通过诱致性技术变迁或诱致性制度变迁实现的，且企业治理结构及研发投入水平等因素将显著影响到节能减排政策对产业能耗的作用效果。

第二，降低信息不对称是企业进行环境信息公开的重要影响因素，且这一举措可以增加投资者认可度。研究发现：(1) 大股东持股比例高、两权分离程度高的企业更倾向于公开环境信息，而实际控制人持股比例越高，并不意味着该企业公开环境信息的质量越好；(2) 企业环境信息公开政策的出台可以显著降低企业营运成本，提升企业生产经营状况，并得到投资者、消费者及政府部门的认可。

第三，纺织产业碳足迹存在结构性突变效应，且COD200的实施对其碳足迹结构产生了显著影响。进一步地，通过机制分析，我们提出COD200通过影响纺织产业技术发展和产出规模间接地对其二氧化碳排放量产生了负向影响。另外，企业产出规模、能源消费结构中煤炭消费占比以及企业技术水平等因素均对该企业二氧化碳排放量产生显著的正向影响。

第四，制度设计是否有效的标准，应当是对于微观企业而言，节能减排带来的社会成本与私人成本是否一致，否则政策就可能不具有可持续性。政策的可持续性，是制度设计成功与否的基本标准。本书的研究表明，在微观企业是理性人的假定之下，政策的可持续性，必须保证企业进行节能减排的经济行为，所获得的收益，与其私人成本和社会成本的比较，应当是无差异的，否则，企业的节能减排的行为，就会损害公众的利益。

第二节 政策启示

第一，国家节能减排制度有效实施的关键是识别新常态下中国节能减排市场的严重市场失灵特征，政府的作用在于弥补市场的失灵。政府、市场和社区是现代社会中解决经济问题的三大组织体系，理论和人类经济发展史基本表明，对于经济问题，将政府功能定位在"补位"角色，是实现经济发展的效率、公平、环保的最有效保证。本书的研究表明，虽然节能减排的主体是微观企业，但是如果仅将节能减排问题交给市场，那么会存在严重的外部性问题，这会导致企业本身在节能减排方面的动力严重不足。但是，政府在参与经济的过程中，往往存在过度干预的问题，这也会导致政府失灵问题的存在。因此，对于纺织产业节能减排这种存在严重市场失灵的问题的解决，必须建立在对市场失灵的具体表现具有深入剖析的把握的基础之上。

第二，解决节能减排的信息不对称问题是基础。政府应进一步提高纺织企业环境信息公开力度从而促进纺织企业可持续发展。通过提高纺织企业环境信息公开力度，规范信息公开过程及标准，以及充分发挥融资约束的渠道作用，提升金融市场对于纺织企业环境信息公开的激励效果来督促纺织企业实行节能减排措施。首先，使信息公开模式标准化，进一步规范企业环境信息公开的格式、范围和程度，以及公开过程的具体可操作细节，有利于信息之间的横向与纵向对比。通过建立健全的纺织企业环境信息公开制度，推进和提升企业环境信息公开力度，以更好地减少市场信息不对称问题，减少不必要的市场摩擦。这将有利于缓解纺织企业在进行融资时所面临的融资约束，减少不必要的信息识别成本进而降低企业交易费用成本，从而有效促进行业整体治理水平的提升，降低相关监管机构的监督成本，最终实现纺织产业的可持续发展。与此同时，政府需注意改善信贷资源的配置效率，积极引导金融市场将信贷资金精准地配给纺织产业等实体经济产业，从而有效地缓解中国纺织企业当前所普遍面临的融资约束问题，进而解决纺织企业节能减排的后顾之忧。其次，政府应把握纺织企业融资约束这一中介变量的渠道作用，加强信息公开导致的融资约束对企业的激励作用，确立环境信息公开影响企业经济绩效的传导机制，使企业认识到通过信息公开制度可以获得金融市场投资者的认可，以使得投资者更加全面了解企业的基本事实而减少其不确定性，进而帮助纺织企业获得更多的融资，促进纺织行业健康发展和转型升级。

第三，制度设计应当立足于解决微观主体的激励机制设计问题，不同的政策设计应当解决不同的微观主体激励机制设计缺失问题，以实现激励相容约束。根据本书对中国及世界各国的纺织产业环保经验总结，纺织产业节能减排的最终落实主体，无论采取的何种形式，都是微观的企业。因此，根据理性经济主体的假定，制度设计的关键在于政府如何通过一套激励约束机制的设计,使得企业微观主体的行为目标,既与自身的利润最大化相容,也与政府的目标相容,即达到激励相容约束。由于在具体的制度设计过程中,不同类型的制度设计对于解决不同的激励相容约束问题具有不同的效果,因此政府在设计具体的制度或政策以前,深入地分析某项制度设计对微观企业行为动机的影响,是制度设计成功的关键。比如,究竟是采取财政补贴政策还是采取产业环保基补助的政府,抑或直接进行强制性的法规规定,其对企业的行为的影响必须事前进行模拟与实证。

第四,政府部门应进一步完善节能减排制度体系从而促进纺织企业等实体经济健康发展。在制度的实施过程中应注意配套相应措施的构建,以确保相关制度政策真正作用到位,积极引导和促进纺织产业优化升级。国家政府部门颁布的节能减排政策应当起到提纲挈领的作用,督促地方尤其是纺织产业发达地区充分发挥其产业集聚优势,针对地方特点制定相应的节能减排措施以达到政策规定的标准为基础。一方面,政府应结合我国各地纺织产业的实际发展情况制定具有针对性的科学合理的节能减排的政策方针和导向,同时注意通过合理的要素价格机制及适当的奖惩制度,在保证企业节能减排的同时引导其继续从事生产活动,进而促使企业转变生产模式。并且,考虑到我国纺织产业具有明显的产业集聚现象,浙江、江苏、山东等均是我国纺织产业大省,对于此类产业集聚发达地区,政府应充分发挥其产业组织力量,鼓励企业联合并依据现实情况制订并实施差异性节能减排计划。对于主动进行节能减排的部分企业,可以适当地通过制度性补贴来为其革新研发技术和完善自身经营制度提供一定的支持,从而降低其生产成本,进一步贯彻节能减排制度政策的落实。另外,在推行节能减排政策的过程中,应注意发展完善对应的金融体系,减少市场摩擦,鼓励金融中介机构在信贷供给方面对于积极落实节能减排的企业进行定向帮助,以缓解该部分企业的融资约束问题,在保证企业生产积极性的同时推进节能减排。除此之外,还应注重提高消费者等其他社会主体的节能减排意识,且政府应主动承担国际社会责任,从而提高节能减排型企业的社会收益。另一方面,应注意充分发挥产业组织优势，利用产业组织的力量积极推进纺织企业形成市场集聚，合理利用市场集聚优势降低单个企业成本，鼓励实施节能减排措施，积极引导纺织产业优化升级，落实可持续发展的方针。

第五，将节能减排纳入政府治理现代化的重要建设内容，政府应进一步落实具体节能减排政策对于企业等相关主体的作用效果。当前政府正在积极推行节能减排措施，其中纺织企业的节能减排效果尤为明显，但与此同时政府也应注意到实现节能减排措施效果存在一定的途径与条件，例如企业的治理结构以及研发投入水平等。因此，政府在完善节能减排效果时，需要依据企业特质性因素进行正确的引导与维护，有鉴于此，相关政策制定部门应当加强政策的完善和调控，根据不同性质、不同特征的主体设计恰当的环保规制，进行异质化的监督，并引导各类纺织企业转变其传统的生产链末端污染处理模式。并且政府还需要督促纺织企业注重预防和减少生产全过程污染、提高产业整体的资源效率，解决因信息不对称引起的决策低效问题。而对于纺织企业，应积极主动配合环境规制的实行，内化环保对策和社会责任为企业自身战略，不断激发技术创新，在落实节能减排政策的同时提升技术在生产率上发挥的绝对优势，在一定程度上控制产出规模，理性进行生产扩张。

第三节　研究不足

本书将政府节能减排政策、纺织产业生命周期、企业能耗及经济绩效应等纳入综合框架，对我国节能减排政策对纺织企业的生产活动及经济绩效等的影响进行了系统分析及实证检验，并提出政策建议。但由于数据可得性及模型设计等问题，一些领域的问题未能涉及，需要未来的研究加以弥补。其中，研究展望主要有以下几点：

第一，以往关于中国纺织产业绩效的研究大都聚焦于产业的单一环节，针对某一环节的单一制度进行有效的探讨，且随着经济形势与各产业发展程度的不断变化，政策措施缺乏一定的战略高度和系统性。区别于此，本书依据当前最新进展进行分析，以全产业链、全生命周期视角出发就节能减排制度体系的构建进行研究，提出了一些新颖的视角，突破了学界仅就单一角度研究纺织产业污染治理问题的局限性，同时丰富和提升了相关产业环境管理和循环经济研究的理论水平。但由于本书是从单一制度视角转向纺织产业的全产业链、全生命周期视角的创新，没有完善的理论或成熟的经验可以借鉴，因此本研究也是先导探索性的，故存在诸多需要深入讨论和继续完善的问题。

第二，本研究提出了3×3矩阵的理论框架体系并进行综合研究，同时采用了前沿的生命周期评价（LCA）、碳足迹追踪等研究方法，对相关主题做出了系统分析。这种系统化研究方法将在一定程度上突破国内同类问题研究中大都采用一般描述性分析方法的局限性，使研究结果更具科学性。但不可避免地，在实证研究中还存在可以深入之处：如对于可能影响节能减排制度的其他因素，人口结构、公平正义（发展权）、自然条件等方面，我们并未做出详细探讨。另如，在考察COD200对纺织企业碳足迹影响的结构突变效应分析时，由于数据来源的有限性，本书的数据仅涉及省份的纺织产业数据，没有精确的企业数据。这些都是论文研究中可能存在不足的地方。

总体而言，在当前日益严格的宏观环境保护发展格局下，增强中国节能减排系列政策传导机制的有效性、精准性、及时性，缓解纺织企业高耗能、高污染问题，切实改善中国纺织产业优化升级和可持续发展的难题，仍需要不断深入研究和探索。本书通过构建纺织产业节能减排制度理论的分析框架，从多角度对于我国纺织企业进行了实证研究，较为深入地分析了节能减排政策的作用机制以及对于异质性企业的影响，在一定程度上为政策的实施效果提供了经验依据，并为我国节能减排政策及纺织产业发展提供了科学合理的建议。

参考文献

柏方云、马军杰:《基于演化博弈的节能减排政策研究》,《科研管理》2015年第1期。

毕茜、彭珏、左永彦:《环境信息披露制度、公司治理和环境信息披露》,《会计研究》2012年第7期。

卞晓红、张绍良:《碳足迹研究现状综述》,《环境保护与循环经济》2010年第108期。

陈德敏、张瑞:《环境规制对中国全要素能源效率的影响——基于省际面板数据的实证检验》,《经济科学》2012年第4期。

陈刚:《我国纺织产业能源消耗结构变动系数分析》,《中国纺织》2013年第8期。

陈共荣、马宁、李琦山:《环境绩效信息披露质量与公司治理结构相关性的实证研究》,《学术论坛》2011年第9期。

陈洪涛、束雯、王双英:《公司治理结构、财务特征对环境信息披露影响的实证研究》,《南京航空航天大学学报》(社会科学版)2017年第2期。

陈林、伍海军:《国内双重差分法的研究现状与潜在问题》,《数量经济技术经济研究》2015年第7期。

陈庆能、沈满洪:《排污权交易模式的比较研究》,《生态经济》2009年第10期。

陈诗一:《节能减排与中国工业的双赢发展：2009—2049》,《经济研究》2010年第3期。

程淑佳、高洁:《利用高新技术改造传统产业的运行机制》,《吉林省经济管理干部学院学报》2007年第5期。

程瑶:《节能减排与企业绩效的关系研究》,硕士学位论文,山东大学,2012年。

程永正:《基于绿色GDP核算体系的节能减排政策制定研究》,《环境科技》2009年第1期。

程永正、陆雍森、蒋大和:《绿色GDP核算与节能减排》,《新时期环境经济政策改革与创新学术研讨会》》2008年第16—18期。

丁兴业、田志娟:《论市场失灵的类型、原因及对策》,《武汉科技学院学报》2006年第8期。

杜建国、张靖泉:《企业环境信息公开与政府监管策略的演化博弈分析》,《中国环境管理》2016年第6期。

范里安:《微观经济学:现代观点》,格致出版社2015年版。

方颖、郭俊杰:《中国环境信息披露政策是否有效:基于资本市场反应的研究》,《经济研究》2018年第10期。

高鸿业:《西方经济学:第五版》,中国人民大学出版社2011年版。

高敬忠、周晓苏:《管理层持股能减轻自愿性披露中的代理冲突吗?——以我国A股上市公司业绩预告数据为例》,《财经研究》2013年第11期。

郭勤:《加入WTO后我国纺织企业的融资问题研究》,硕士学位论文,西南财经大学,2002年。

韩超、胡浩然:《清洁生产标准规制如何动态影响全要素生产率》,《中国工业经济》2015年第5期。

郝淑丽:《产品碳足迹评价方法及在服装产品的应用》,《中国人口·资源与环境》2014年第3期。

何慧爽、张晓晗:《基于工业发展的河南省环境公平综合测度研究》,《华北水利水电大学学报》(社会科学版)2018年第1期。

何建坤、滕飞、刘滨:《在公平原则下积极推进全球应对气候变化进程》,《清华大学学报》(哲学社会科学版)2009年第11期。

何强、陈松:《我国上市公司董事会结构对R&D投入的影响》,《系统管理学报》2009年第6期。

何伟、秦宁、何玘霜、王雁、徐福留：《节能减排绩效及其与经济效益协调性的监控和评估》，《环境科学学报》2010年第7期。

何小钢、张耀辉：《技术进步、节能减排与发展方式转型——基于中国工业36个行业的实证考察》，《数量经济技术经济研究》2012年第3期。

贺建刚：《碳信息披露、透明度与管理绩效》，《财经论丛》2011年第4期。

胡鞍钢、郑云峰、高宇宁：《中国高耗能行业真实全要素生产率研究（1995—2010）——基于投入产出的视角》，《中国工业经济》2015年第5期。

胡立新、王田、肖田：《董事会特征与环境信息披露研究——基于我国制造业上市公司的调查分析》，《财会通讯》2010年第33期。

胡芸：《排污许可制度倒逼企业治水》，《浙江日报》2017年4月19日。

华坚、任俊、徐敏、Eric Fong：《基于三阶段DEA的中国区域二氧化碳排放绩效评价研究》，《资源科学》2013年第7期。

黄珺、周春娜：《股权结构、管理层行为对环境信息披露影响的实证研究——来自沪市重污染行业的经验证据》，《中国软科学》2012年第1期。

黄凯南：《制度生成与演化的主观博弈论分析：新的理论探索》，《理论学刊》2014年第4期。

黄凯南：《制度演化经济学的理论发展与建构》，《中国社会科学》2016年第5期。

黄勤陆、喻兴隆：《一种基于ARM的纺织企业环境监测系统研究设计》，《成都纺织高等专科学校学报》2017年第4期。

冀县卿：《我国上市公司经理层激励缺失及其矫正》，《管理世界》2007年第4期。

江珂、卢现祥：《环境规制变量的度量方法研究》，《统计与决策》2011年第22期。

江珂、卢现祥：《环境规制与技术创新：基于中国1997—2007年省际面板数据分析》,《科研管理》2011年第7期。

金三林、朱贤强:《我国劳动力成本上升的成因及趋势》,《经济纵横》2013年第2期。

雷国雄、陈恩:《制度变迁:一个拟生物演化模型》,《经济学季刊》2009年第4期。

李白冰:《税收和财政补贴与企业行为》,《北京理工大学学报》1995年第1期。

李敏:《我国纺织企业劳动力成本上升的现状分析》,《山东纺织经济》2013年第1期。

李娜、李春莲:《加入WTO对我国纺织品贸易的影响和对策》,《商业研究》2003年第13期。

李强、冯波:《企业会"低调"披露环境信息吗?——竞争压力下企业环保投资与环境信息披露质量关系研究》,《中南财经政法大学学报》2015年第4期。

李晚金、匡小兰、龚光明:《环境信息披露的影响因素研究——基于沪市201家上市公司的实证检验》,《财经理论与实践》2008年第3期。

李晓亮、吴嗣骏、葛察忠:《美国EPCRA法案对我国推动企业环境信息公开的启示》,《中国环境管理》2016年第6期。

李永友、沈坤荣:《我国污染控制政策的减排效果——基于省际工业污染数据的实证分析》,《管理世界》2008年第7期。

李志斌:《内部控制与环境信息披露——来自中国制造业上市公司的经验证据》,《中国人口·资源与环境》2014年第6期。

廖明球:《基于"节能减排"的投入产出模型研究》,《中国工业经济》2011年第7期。

林伯强、孙传旺:《如何在保障中国经济增长前提下完成碳减排目标》,《中国社会科学》2011年第1期。

林伯强、姚昕、刘希颖:《节能和碳排放约束下的中国能源结构战略调整》,《中国社会科学》2010年第1期。

林琳:《印染行业节能减排现状及重点任务》,《印染》2008年第

2 期。

临之:《节能减排:制度比技术更重要》,《化工原理》2014 年第 3 期。

刘娟、孙虹:《五大时装之都的经验对浙江时尚产业发展的启示》,《丝绸》2018 年第 7 期。

刘明磊、朱磊、范英:《我国省级碳排放绩效评价及边际减排成本估计:基于非参数距离函数方法》,《中国软科学》2011 年第 3 期。

刘瑞翔、安同良:《资源环境约束下中国经济增长绩效变化趋势与因素分析——基于一种新型生产率指数构建与分解方法的研究》,《经济研究》2012 年第 11 期。

刘雪阳:《中国制造业二氧化碳排放的影响因素——基于行业面板数据的实证研究》,《改革与开放》2016 年第 1 期。

鲁文龙、陈宏民:《技术合作博弈中的政府补贴政策研究》,《系统工程学报》2003 年第 5 期。

陆景春、虞华、张秀华等:《纺织业现状调查与建议》,《市场研究》2009 年第 10 期。

吕明晗、徐光华、沈弋等:《异质性债务治理、契约不完全性与环境信息披露》,《会计研究》2018 年第 5 期。

[德] 马斯格雷夫:《财政理论与实践》,邓子基、邓力平译,中国财政经济出版社 2003 年版。

马艳华:《创新整合纺织产业链,提升纺织产业竞争力》,《经济研究导刊》2009 年第 5 期。

马永喜、王颖:《绍兴市印染行业环境管理问题及对策》,《生态经济》2015 年第 3 期。

牛建波、吴超、李胜楠:《机构投资者类型、股权特征和自愿性信息披露》,《管理评论》2013 年第 3 期。

潘佳佳、李廉水:《中国工业二氧化碳排放的影响因素分析》,《环境科学与技术》2011 年第 4 期。

祁明德:《珠三角企业转型升级绩效研究》,《社会科学家》2015 年第 12 期。

钱兴富：《关于纺织印染企业节能减排的思考》，《科技资讯》2011年第27期。

［日］青木昌彦：《飞雁式制度变迁比较》，中信出版社2002年版。

饶清华、邱宇、许丽忠、张江山、蔡如钰、赵扬：《基于多目标决策的节能减排绩效评估》，《环境科学学报》2013年第2期。

饶清华、邱宇、许丽忠、张江山：《节能减排指标体系与绩效评估》，《环境科学研究》2011年第9期。

沈洪涛、游家兴、刘江宏：《再融资环保核查、环境信息披露与权益资本成本》，《金融研究》2010年第12期。

沈满洪：《排污权交易的可行性分析：以浙江省为例》，《学习与实践》2009年第1期。

沈满洪：《以制度建设促进生态文明建设》，《中国社会科学报》2016年8月22日。

沈满洪、何灵巧：《环境经济手段的比较分析》，《浙江学刊》2001年第6期。

沈满洪、谢慧明、周楠：《排污权制度改革的"浙江模式"》，《中共浙江省委党校学报》2013年第6期。

沈满洪、赵丽秋：《排污权价格决定的理论探讨》，《浙江社会科学》2005年第2期。

舒利敏：《我国重污染行业环境信息披露现状研究——基于沪市重污染行业620份社会责任报告的分析》，《证券市场导报》2014年第9期。

舒岳：《股权结构与环境信息披露的实证研究——来自沪市上市公司的经验数据》，《财会通讯》2010年第18期。

［日］速水佑次郎：《发展经济学》，社会科学文献出版社2009年版。

孙建：《中国区域技术创新的二氧化碳减排效应——基于宏观计量经济模型模拟分析》，《技术经济》2018年第10期。

孙岩、刘红艳、李鹏：《中国环境信息公开的政策变迁：路径与逻辑解释》,《中国人口·资源与环境》2018年第2期。

汤亚莉、陈自力、刘星等:《我国上市公司环境信息披露状况及影响因素的实证研究》,《管理世界》2006年第1期。

[瑞典]托马斯·思德纳:《环境与自然资源管理的政策工具》,上海人民出版社2005年版。

汪克亮、杨宝臣、杨力:《中国能源利用的经济效率、环境绩效与节能减排潜力》,《经济管理》2010年第10期。

汪早容、邓义:《金融危机背景下我国农村劳动力转移回流问题研究》,《乡镇经济》2009年第7期。

王柏玲、李慧:《关于区域产业升级内涵与发展路径的思考》,《辽宁大学学报》2015年第3期。

王兵、刘光天:《节能减排与中国绿色经济增长——基于全要素生产率的视角》,《中国工业经济》2015年第5期。

王建庆、毛志平、李戎:《印染行业节能减排技术现状及展望》,《印染》2009年第1期。

王金营、顾瑶:《中国劳动力供求关系形势及未来变化趋势研究——兼对中国劳动市场刘易斯拐点的认识和判断》,《人口学刊》2011年第3期。

王俊豪、李云雁:《民营企业应对环境管制前战略导向与创新行为》,《中国工业经济》2009年第9期。

王满华、李戎、林琳:《我国纺织行业能源消耗的碳排放》,《印染》2015年第3期。

王群伟、周鹏、周德群:《我国二氧化碳排放绩效的动态变化、区域差异及影响因素》,《中国工业经济》2010年第1期。

王水、屈健、李冰等:《太湖流域典型区域纺织行业污染特征分析》,《环境科技》2012年第5期。

王雄元、刘焱:《产品市场竞争与信息披露质量的实证研究》,《经济科学》2008年第1期。

[美]威廉·J.鲍莫尔、华莱士·E.奥茨:《环境经济理论与政策设计》,经济科学出版社2003年版。

魏楚、黄磊、沈满洪:《鱼与熊掌可兼得么?——对我国环境管制波特假说的检验》,《世界经济文汇》2015年第1期。

吴绩新、王瑾:《纺织产业节能减排的推动机制研究——基于产业规制的视角》,《纺织导报》2011年第10期。

吴绩新、王瑾:《纺织行业污染治理的经济学分析》,《国际纺织导报》2014年第11期。

武恒光、王守海:《债券市场参与者关注公司环境信息吗?——来自中国重污染上市公司的经验证据》,《会计研究》2016年第9期。

奚旦立、陈季华、徐淑华等:《印染行业节能减排潜力分析》,《2009蓝天中国印染行业节能环保年会会议论文集》,中国纺织出版社2009年版。

夏若江、胡振红:《基于价值链治理模式的传统产业集群升级路径的研究》,《管理观察》2008年第1期。

谢慧明、沈满洪:《排污权制度失灵原因探析》,《浙江理工大学学报》(社会科学版)2014年第4期。

邢璐、石磊、Athar Hussain:《节能减排目标下的企业应对行为研究》,《北京大学学报(自然科学版)》2010年第3期。

熊勇清、曾丹:《战略性新兴产业的培育与发展——基于传统产业的视角》,《重庆社会科学》2011年第4期。

熊勇清:《战略性新兴产业与传统产业互动耦合发展研究》,经济科学出版社2013年版。

徐光华、赵雯蔚、黄亚楠:《基于DEA的企业减排投入与产出绩效评价研究》,《审计与经济研究》2014年第1期。

薛伟贤、刘静:《环境规制及其在中国的评估》,《中国人口·资源与环境》2010年第9期。

闫睿敏:《政府和银行对我国中小企业节能减排融资的影响》,《现代商业》2017年第7期。

颜超:《政府与企业节能减排互动机制研究》,山东科技大学,2011年。

杨传明:《中国产业全碳足迹测算模型构建及影响因素分析》,

《统计与信息论坛》2018年第10期。

杨珂嘉:《兼顾公平和有效原则的中国各省二氧化碳减排配额研究》,博士学位论文,中国地质大学,2018年。

姚圣、李诗依:《环境信息披露具有处罚效应吗?》,《经济与管理》2017年第2期。

姚圣、杨洁、梁昊天:《地理位置、环境规制空间异质性与环境信息选择性披露》,《管理评论》2016年第6期。

姚圣、周敏:《政策变动背景下企业环境信息披露的权衡:政府补助与违规风险规避》,《财贸研究》2017年第7期。

伊志宏、姜付秀、秦义虎:《产品市场竞争、公司治理与信息披露质量》,《管理世界》2010年第1期。

易纲:《中国改革开放三十年的利率市场化进程》,《金融研究》2009年第1期。

尹开国、汪莹莹、刘小芹:《产权性质、管理层持股与社会责任信息披露——来自中国上市公司的经验证据》,《经济与管理研究》2014年第9期。

余泳泽:《我国节能减排潜力、治理效率与实施路径研究》,《中国工业经济》2011年第5期。

袁开福、高阳:《促进我国节能减排的策略研究》,《宏观经济管理》2008年第7期。

苑泽明、王金月:《碳排放制度、行业差异与碳信息披露——来自沪市A股工业企业的经验数据》,《财贸研究》2015年第4期。

张波、韦恩戴维斯、王争萌:《环境管理的信息化视角——美国环境信息生命周期模型研究》,《中国环境管理》2016年第6期。

张成、陆旸、郭路等:《环境规制强度和生产技术进步》,《经济研究》2011年第2期。

张国兴、高晚霞、张振华、管欣、方敏:《产业协同是否有助于提升节能减排的有效性?——基于1052条节能减排政策的研究》,《中国管理科学》2017年第3期。

张国兴、高秀林、汪应洛、郭菊娥:《我国节能减排政策协同的有效性研究：1997—2011》，《管理评论》2015年第12期。

张国兴、高秀林：《我国节能减排政策措施的有效性研究》，《华东经济管理》2014年4期。

张国兴、高秀林、汪应洛等：《中国节能减排政策的测量、协同与演变》，《中国人口·资源与环境》2014年第12期。

张国兴、张绪涛、程素杰等：《节能减排补贴政策下的企业与政府信号博弈模型》，《中国管理科学》2013年第4期。

张国兴、张绪涛、汪应洛等：《节能减排政府补贴的最优边界问题研究》，《管理科学学报》2014年第11期。

张宁：《股权结构与碳会计信息披露质量关系的实证研究》，硕士学位论文，首都经济贸易大学，2017年。

张盼、熊中楷：《基于政府视角的最优碳减排政策研究》，《系统工程学报》2018年第5期。

张其仔、郭朝先：《制度挤出与环境保护政策设计——兼评节能减排综合性工作方案的有效性》，《中国工业经济》2007年第7期。

张淑惠、史玄玄、文雷：《环境信息披露能提升企业价值吗？来自中国沪市的经验证据》，《经济社会体制比较》2011年第6期。

张学刚：《外部性理论与环境管制工具的演变与发展》，《改革与战略》2009年第4期。

张学刚、侯文杰：《环境保护中的制度创新与技术创新——基于排污权交易制度的分析》，《中国工业经济学会2006年年会暨"自主创新与创新政策"研讨会论文集》，2007年。

张学刚、王玉婧：《环境管制政策工具的演变与发展——基于外部性理论的视角》，《湖北经济学院学报》2010年第4期。

张艳磊、秦芳、吴昱：《"可持续发展"还是以"污染换增长"——基于中国工业企业销售增长模式的分析》，《中国工业经济》2015年第2期。

张杨、王剑虹、仲艳平：《环境成本管理理论述评》，《财会通讯》2010年第9期。

章华、金雪军：《制度演化分析的两种范式比较》，《经济学家》

2005年第5期。

赵昌文、许召元、朱鸿鸣：《工业化后期的中国经济增长新动力》，《中国工业经济》2015年第6期。

赵绪福：《产业链视角下中国农业纺织原料发展研究》，博士学位论文，华中农业大学，2006年。

赵玉民、朱方明、贺立龙：《环境规制的界定、分类与演进研究》，《中国人口·资源与环境》2009年第6期。

郑立群：《中国各省区碳减排责任分摊——基于公平与效率权衡模型的研究》，《干旱区资源与环境》2013年第5期。

周业安、杨祜忻、毕新华：《嵌入性与制度演化——一个关于制度演化理论的读书笔记》，《中国人民大学学报》2001年第6期。

周志波、张卫国：《我国资源税制度演化历史与改革路径研究》，《宏观经济研究》2015年第9期。

朱承亮、岳宏志、安立仁：《节能减排约束下中国绿色经济绩效研究》，《经济科学》2012年第5期。

朱富强：《制度改进的基本思维：演化动力和优化原则》，《财经研究》2012年第4期。

朱晋伟、李冰欣：《食品企业社会责任信息披露影响因素研究》，《经济与管理研究》2012年第5期。

庄贵阳：《节能减排与中国经济的低碳发展》，《气候变化研究进展》2008年第5期。

Acemoglu, D., Johnson, S.& Robinson, J. A. The Colonial Oringins of Comparative Development: An Empirical Investigation [J]. *American Economic Review*, 2001, 91 (5): 1369-1401.

Acemolgu, D., Johnson, S. & Robinson, J. A. Institutions as the Fundmental Cause of Loung-Run Growth, in Stenven N. Durlauf and Philippe Aghion ed., *Handbook of Economic Growth* [M]. North Holland, Chapter 6, 2005.

Akamatsu, K. A historical pattern of economic growth in developing countries [J]. *Journal of Developing Economies*, 2010, 1 (1): 3-25.

Anderson, Terry, and Donald Leal., *Free Market Environmentalism* [M]. San Francisco: Westview Press, 1991.

Baden, J.& Richard, S., *Bureaucracy vs. Environment: The Environmental Costs of Bureaucratic Governance* [M]. Ann Arbor: University of Michigan Press, 1981.

Blackman, A. Alternative pollution control policies in developing countries [J]. *Review of Environmental Economics and Policy*, 2010, 4 (2): 234-253.

Blackman, A. *Can voluntary environmental regulation work in developing countries? Lessons from case studies* [C]. RFF Discussion Paper 7-10, Resources for the Future, Washington DC, USA, 2007.

Blackman, A.& Sisto, N. *Muddling through while environmental regulatory capacity evolves: What role for voluntary agreements* [C]. RFF Discussion Paper5 – 16. Resources for the Future, Washington D. C., USA., 2005

Bowles, S. *Microeconomics: Behavior, Institutions and Evolution* [M]. Princeton University Press, 2004.

Callan, S. & Thomas, J. Analyzing Demand for Disposal and Recycling Services: A Systems Approach [J]. *Eastern Economic Journal*, 2006, 32 (2): 221-240.

Cohen, M. A. Monitoring and enforcement of environmental policy. In Tietenberg, T; Folmer, H (eds).*International Yearbook of Environmental and Resource Economics*, Volume Ⅲ [M]. Edward Elgar Publishers, USA, 1999.

Dan, S. D., Li, O. Z.& Tsang, A., et al. Voluntary Nonfinancial Disclosure and the Cost of Equity Capital: The Initiation of Corporate Social Responsibility Reporting [J]. *Social Science Electronic Publishing*, 2010, 86 (1): 59-100.

Dasgupta, S., Hettige, H.& Wheeler, D., What improves environmental compliance? Evidence from Mexican industry [J]. *Journal of Environmental *Economics and Management*, 1999 (39): 39-66.

Dasgupta, S., Huq, M. & Wheeler, D., et al. Water pollution abatement by Chinese industry: Cost estimates and policy implications [J]. *Applied Economics*, 2010, 33 (4): 547-557.

Demsetz, H. Toward a Theory of Property Rights [J]. *American Economic Review*. 1967, 57 (2): 347-359.

Drucker, J.& Feser, E., Regional industrial structure and agglomeration economies: An analysis of productivity in three manufacturing industries [J]. *Regional Science & Urban Economics*, 2012, 42 (1): 1-14.

Ferris, A., Garbaccio, R.& Marten, A., et al. The Impacts of Environmental Regulation on the U. S. Economy [J]. *Working Paper*, *Environmental Economics Working Paper Series*, 2017.

Fujii, H., Managi, S.& Kaneko, S., Decomposition Analysis of Air Pollution Abatement in China: Empirical Study for Ten Industrial Sectors from 1998 to 2009 [J]. *Journal of Cleaner Production*, 2013, 59 (18): 22-31.

Fujii, H., Managi, S. & Kaneko, S., Wastewater Pollution Abatement in China: A Comparative Study of Fifteen Industrial Sectors from 1998 to 2010 [J]. *Journal of Environmental Protection*, 2013, 4 (3): 434-442

Garcia, J., Afsah, S.& Sterner, T., *What kind of firm are more sensitive to public disclosure programs for pollution control? The case of Indonesia's PROPER Program* [M]. Discussion Paper 08-12, Resources for the Future, Washington DC, USA, 2008.

Gereffi, G. International Trade and Industrial Upgrading in the Apparel Commodity Chain [J]. *Journal of International Economics*, 1999, 48 (1): 37-70.

Gneezy, U.&Rustichini, A., Pay Enough or Don't Pay at All [J]. *The Quarterly Journal of Economics*, 2000, 115 (3): 791-810.

Goodstein, E. *The Trade-Off Myth: Fact and Fiction about Jobs and the Environment* [M]. Washington, D. C.: Island Press, 1999.

Greenstone, M., List, J. A.& Syverson, C., The effects of environmental regulation on the competitiveness of U. S. manufacturing [J]. *CEEPR WP 2012-2013*, MIT Center for Energy and Environmental Policy Research, A Joint Center of the Department of Economics, MIT Energy Initiative and MIT Sloan School of Management, 2012.

Greif, A. *Institutions and the Path to the Modern Economy: Lessons from Medieval Trade* [M]. Cambridge: Cambridge University Press, 2006.

Hayek, F. The Pretence of Knowledge [J]. *American Economic Review*, 1989, 79 (6): 3-7.

Heiner, R. The origins of predictable behavior [J]. *American Economic Review*, 1983 (73): 560-595.

Herrendorf, B., Rogerson, R.& Valentinyi, A. *Structural Transformation and Economic Growth* [C]. NBER Working Paper No. 18996, 2013.

Hodgson, G. *the Evolution of Institutional Economics: Agency, Structure and Darwinism in American Institutionalism* [M]. London: Routledge Press, 2004.

Hodgson, G. The Evolution of Institutions: An Agenda for Future Theoretical Research [J]. *Constitutional Political Economy*, 2002, 13 (2): 111-127.

Humphrey, J.& Schmitz, H. How does insertion in global value chains affect upgrading in industrial clusters?[J]. *Regional Studies*, 2002, 36 (2): 1017-1027.

Hutchinson, E., Kennedy, P.& Martinez, C. Subsidies for the Production of Cleaner Energy: When Do They Cause Emissions to Rise [J]. *Journal of Economic Analysis & Policy*, 2010, 10 (1): 28-28.

Imai, K., Keele, L.& Yamamoto, T. Identification, Inference and Sensitivity Analysis for Causal Mediation Effects [J]. *Statistical Science*,

2010, 25 (1): 51-71.

Jaffe, A.& Palmer, K. Environmental Regulation and Innovation: A Panel Data Study [J]. *Review of Economics and Statistics*, 1997 (4): 610-619.

Kaplinsky, R. Gaining From Global Value Chains: The Search for the Nth Rent, in G. Gereffi (ed.), *Who Gets Ahead in the GlobalEconomy? Industrial Upgrading, Theory and Practice* [M]. New York: Johns Hopkins Press, 2002.

Khanna, M.& Anton, R. Corporate environmental management: Regulatory and market-based incentives [J]. *Land Economics*, 2002, 78 (4): 539-558.

Kojima, K., A Macroeconomic Approach to Foreign Direct Investment, Hitotsubashi [J]. *Journal of Economics*, 1973, 14 (1): 1-21.

Lanjouw, J.& Mody, A. Innovation and the International Diffusion of Environmentally Responsive Technology [J]. *Research Policy*, 1996 (25): 549-571.

Liu, X.& Anbumozhi, V. Determinant factors of corporate environmental information disclosure: an empirical study of Chinese listed companies [J]. *Journal of Cleaner Production*, 2009, 17 (6): 593-600.

Nelson, R. *Public Lands and Private Rights: The Failures of Scientific Management* [M]. Lanham, MD: Rowman & Littlefield, 1995.

Nelson, R.& Winter, S., *An Evolutionary Theory of economic change* [M]. Cambridge: Harvard University Press, 1982.

Nidumolu, R., Prahalad, C. K.& Rangaswami, R. Why Sustainability is Now the Key Driver of Innovation [J]. *Harvard Business Review*, 2009, 43 (2): 85-91.

Nordhaus, W., Houthakker, H. & Solow, R. The Allocation of Energy Resources [J]. *Brookings Papers on Economic Activity*, 1973 (3): 529-576.

North, D. Economic Performance through Time [J]. *American Eco-*

nomic Review, 1994, 84 (3): 359-68.

North, D. *Institutions, Institutional Change and Economic Performance* [M]. Cambridge: Cambridge University Press, 1990.

North, D. *Structure and Change in Economic History* [M]. Norton Press, 1981.

North, D. *Understanding the Process of Economic Change* [M]. Princeton: Princeton University Press, 2005.

North, D.& Thomas, R., *The Rise of the Western World: A New Economic History* [M]. Cambridge: Cambridge University Press, 1973.

Pigou, A. C. *The Economics of Welfare* [M]. London: Macmillan, 1920.

Poon, T. Beyond the global production networks: a case of further upgrading of Taiwan's information technology industry [J]. *International Journal of Technology and Globalisation*, 2004, 1 (1): 130-144.

Porter, M. *the competitive advantage of nations* [M]. New York: The free Press, 1990.

Porter, M.& van der Linde, C. Toward a New Conception of the Environment Competitiveness Relationship [J]. *Journal of Economic Perspectives*, 1995 (4): 97-118.

Samad, G., Gulzar, W.& Ahmed, V., Environmental Regulations and Compliance in the Textile Processing Sector in Pakistan: *Empirical Evidence* [C]. Working Paper No. 98-15, 2015.

Schmid, A. Conflict and Cooperation: Institutional and Behavioral Economics [J]. *Wiley-Blackwell*, 2004: 230-260.

Segerson, K.& Miceli, T. Voluntary environmental agreements: Good or bad news for environmental protection [J]. *Journal of Environmental Economics and Management*, 1998 (36): 109-130.

Tietenberg, T. Disclosure Strategies for Pollution Control [J]. *Environmental & Resource Economics*, 1998, 11 (3-4): 587-602.

Wang, H., Bi, J., Wheeler, D., et al. Environmental performance rating and disclosure: China's GreenWatch program [J]. *Journal of Environmental Management*, 2004, 71 (2): 123-133.

Williamson, O. E. The New Institutional Economics: Taking Stock, Looking Ahead [J]. *Journal of Economic Literature*, 2000, 38 (3): 595-613.

Wu, J.& Babcock, B. A. The Relative efficiency of voluntary vs mandatory environmental regulations [J]. *Journal of Environmental Economics and Management*, 1999 (38): 158-175.

Yuan, J., Kang, J., Yu, C., et al. Energy Conservation and Emissions Reduction in China: Progress and Prospective [J]. *Renewable and Sustainable Energy Reviews*, 2011, 15 (9): 4334-4347.

Zhang, Y. & Wang, Y. Barriers'and Policies'Analysis of China's Building Energy Efficiency [J]. *Energy Policy*, 2013 (62): 768-773.

Zhang, Z., Jin, X.& Yang, Q. et al. An Empirical Study on the Institutional Factors of Energy Conservation and Emissions Reduction: Evidence from Listed Companies in China [J]. *Energy policy*, 2013, 57 (3): 36-42.

后　　记

　　新时代国家经济发展战略的基本表征是要求实现经济高质量发展，这就要求产业在实现转型升级的同时，必须有效解决环保问题，这对于纺织这样的传统产业尤其是一个重大挑战。中国是全球最大的纺织品生产国和出口国，纺织产业在中国制造业中居于重要地位，在中国经济发展和人民生活中起着举足轻重的作用。虽然规模巨大的纺织产业为经济发展做出了巨大贡献，但也对资源和环境造成了不可忽视的负面影响。降低纺织产业的资源消耗，控制污染排放，以及进一步明晰纺织产业节能减排制度改革面临的问题与发展思路，对中国纺织产业持续健康发展至关重要，这是中国纺织产业可持续发展的必由之路，也是保持纺织产业和社会环境协调发展的紧迫需求。因此，研究中国纺织产业节能减排制度绩效评价问题具有重大的理论和现实意义。由于从企业微观主体的理性行为来看，节能减排存在重大的市场失灵问题，因此政府通过有效制度供给来解决这一问题，既符合基本的经济学逻辑，也是十九大报告所强调的国家治理现代化的重要体现。然而，未来的更有效的制度设计，必须基于对以往相关制度绩效的评价，由此识别制度有效性的环境约束前提，并总结已有制度的经验教训和提出未来的制度设计路径，这正是本书的主要工作。

　　本书基于转型升级理论、环境规制理论、制度演化理论等三大理论基础，按照政府强制性制度、市场激励性制度、公众参与性制度，将367项纺织产业节能减排制度进行分类，分别以纺织产业、纺织企业上市公司、纺织产品为典型案例，得出有关制度与环境、经济、生态绩效之间的互动关系和内在影响机理，同时设计出更加适合纺织产业发展的制度环境资源。在论证过程中，本研究主要进行以下三方面分析：第一，构建纺织产业节能减排制度理论的分析框架，并基于生命周期理论研究了国家节能减排政策的具体实施对于不同企业减排绩效的影响；第二，深入探讨企业环境信息披露的影响因素、作用结果以及内在的机制；第三，运用生命周期评价方法、仿真模拟法和碳足迹核算法等研究方法，对纺织企业碳足迹进行了结构突变检验。本研究结果发现：一是国家节能减排政策的实施显著削弱了纺织产业的污染能耗问题，而不同政策的出台及企业异质性因素使得具体政策的作用效果表现出非对称特征；二是从政策设计有效性前提来看，降低信息不对称是企业进行环境信息公开的重要原因，且这一举措可以增加投资者认可度；三是基于纺织企业碳足迹结构突变检验，发现纺织产业碳足迹存在结构性突变效应，且COD200的实施对其碳足迹结构产生了显著影响。

本书的主要创新点体现在以下三方面：第一，提出了全产业链系统网络关联性的研究新视角。本书从系统论角度，以全产业链、全生命周期视角出发就节能减排制度体系的构建进行研究，这不仅可以弥补学术界仅从单一角度研究纺织产业污染治理问题的局限性，同时也将丰富和提升我国产业环境管理和循环经济研究的理论水平。第二，运用了行业产品生命周期不同阶段异质性的新的评价方法。本研究所采用的生命周期评价（LCA）方法，对产品全生命过程，包括原材料的提取和加工，产品制造、使用、再生循环利用直至最终废弃的环境因素的判别及潜在环境影响的评估和研究，是一种针对产品从摇篮到坟墓的全生命周期各阶段对环境的外部性影响进行定量评估的系统评价方法。这种系统化研究方法在一定程度上突破了国内同类问题研究中大都采用一般描述性分析方法的局限性，使研究结果更具科学性。第三，提出3×3矩阵的新的理论框架体系。本书基于转型升级理论、环境规制理论、制度演化理论等三大理论，运用生命周期评价方法、碳足迹核算法和仿真模拟法等三个研究方法，构建了政府强制性制度、市场激励性制度、公众参与性制度三大制度体系，更具全局视野。

本书的政策启示主要体现在以下几个方面：第一，国家节能减排有效制度实施的关键是识别新常态下中国节能减排市场的严重市场失灵特征，政府的作用在于弥补市场的失灵。第二，通过信息公开解决信息不对称问题，是解决节能减排问题的基础。加大纺织企业环境信息公开力度和范围，规范信息公开过程及标准，并充分发挥融资约束的渠道作用，提升金融市场对于纺织企业环境信息公开的激励效果。第三，制度设计应当立足于解决微观主体的激励机制设计问题，不同的政策设计应当解决不同的微观主体激励机制设计缺失问题。第四，政府制度设计有效性的标准，应当是通过合适的补贴政策或产业及环保基金等政策的实施，实现节能减排社会成本与私人成本的一致性。第五，从制度供给的政府内部组织体系设计来看，各级政府应当将节能减排任务纳入国家治理现代化的考核体系。

与此同时，本书对纺织产业与节能减排制度的典型案例开展了研究。纺织服装产业是浙江省委、省政府大力扶持的"十大传统产业"之一。时尚产业属于无烟产业、朝阳产业和创新创意产业，是纺织服装产业转型升级的战略方向，也是浙江正在大力发展的八大万亿产业之一，2019年实现总产值约1.4万亿元。但是对标对表高质量发展要求，还存在品牌建设基础薄弱、行业结构"低小散"、供给结构低端错位、研发设计水平不高、高端人才引培困难、政策平台协同不完善等问题。本研究对巴黎、纽约、伦敦、米兰、东京全球五大"时装之都"发展历程和先进模式进行全面系统的梳理分析，提炼他们的时尚产业特色和亮点，强化国际对标对浙江省纺织服装转型升级的推动作用，重点围绕开发设计、标准制定、品牌塑造、产业联盟等环节，着力补齐纺织优势领域的短板，对浙江省加快发展时尚产业，实现从传统产业加工制造中心向以创意设计引领的时尚产业创造中心转变具有重要的启示价值。

本研究对标全球"五大时尚之都"经验，调研杭州艺尚小镇、嘉兴濮院小镇、湖州美妆小镇、瓯海时尚智造小镇等时尚特色小镇，深入荣盛、恒逸、桐昆、森马、报喜鸟等龙头骨干企业，对浙江时尚产业发展现状进行深度把脉，在统筹考虑区位条件、资源禀赋、产业基础等因素的基础上，深度对接省经信厅、省发改委等部门，多轮论证打磨提升，对浙江时尚产业发展的路径选择进行深入探讨并提出建设性意见，根据浙江时尚产业各细分领域完整产业链打造，研究补齐短板的对策建议，撰写的课题成果获得好评。提炼总结的浙江省时尚产业发展典型案例被国家发改委编报，获国务院副总理孙春兰肯定性批示；研究成果"浙江丝绸产业发展对策研究"获时任省长李强肯定性批示，推动《关于推进丝绸产业传承发展的指导意见》（浙政办发〔2015〕号）等经典产业发展政策出台；研究成果"对标全球五大'时装之都'加快纺织服装业转型升级"的政策建议，获时任省长袁家军、副省长高兴夫肯定性批示，推动省政府出台《浙江省打造时尚之都，促进时尚产业改革发展行动方案（2020—2022年）》；研究成果被浙江省经济和信息化厅与浙江省药品监督管理局采纳，印发了《浙江省化妆品产业高质量发展实施方案（2020—2025年）》；承担温州市政府、省科协委托课题《温州时尚产业高质量发展对策研究》，在世界青年科学家峰会上专题汇报，获省委常委、温州市书记陈伟俊肯定性批示。成果被省经信厅和杭州市经信局等部门采纳，实际应用中获得较好的经济社会效益。

本书撰写工作始于2013年，过程中得到导师沈满洪教授悉心指导，浙江省发展改革委节能处邵振红处长，浙江大学范柏乃教授、李建琴教授，中国人民大学魏楚教授，广东外语外贸大学战明华教授，浙江工商大学范钧教授，浙江理工大学胡剑锋教授、程华教授，宁波大学谢慧明教授，浙江财经大学张国平教授、李玉文副教授、张兵兵博士等给予了精准的建议意见。浙江理工大学朱旭光教授、孙虹教授、马永喜教授、奉小斌教授、廖中举教授、王来力副教授、杨君副教授、杨永亮博士、祁秀静经济师，宁波大学李一副教授等参与了部分章节的撰写工作。非常感谢中国社会科学出版社责任编辑宫京蕾给予的大力帮助和指导。本书存在很多不足之处，将在今后的研究中进行完善提升。